LA DECEPCIÓN de DA VINCI

LA DECEPCIÓN de DAVINCI

Respuestas bien
fundamentadas a las
preguntas que millones
se están formulando
acerca de Jesús,
la Biblia y *El Código Da Vinci*

ERWIN W. LUTZER

La misión de *Editorial Portavoz* consiste en proporcionar productos de calidad —con integridad y excelencia—, desde una perspectiva bíblica y confiable, que animen a las personas en su vida espiritual y servicio cristiano.

Título del original: *The Da Vinci deception,* © 2004 por Erwin W. Lutzer y publicado por Tyndale House Publishers, Inc., 351 Executive Drive, Carol Stream, IL 60188.

Edición en castellano: *La decepción de Da Vinci,* © 2005 por Erwin W. Lutzer y publicado por Editorial Portavoz, filial de Kregel Publications, Grand Rapids, Michigan 49501. Todos los derechos reservados.

EDITORIAL PORTAVOZ
P.O. Box 2607
Grand Rapids, Michigan 49501 USA

Visítenos en: www.portavoz.com

ISBN 0-8254-1384-2

3 4 5 edición / año 09 08 07 06

Impreso en los Estados Unidos de América
Printed in the United States of America

DEDICACIÓN

*A nuestros buenos amigos
David y Nancy Lagerfeld que me
alertaron acerca del hecho de que algunas
personas que leyeron* El Código Da Vinci
*confundían leyendas con hechos y
supersticiones con la verdadera historia.
Su compromiso con el Jesús auténtico ha
ayudado a otros a encontrar el camino.*

CONTENIDO

EL ROMPECABEZAS DE JESÚS

"¿**Q**uién dices que soy?"

Los discípulos sabían lo que los demás decían acerca de Jesús, algunos pensaban que Él era Juan el Bautista o uno de los profetas, pero Jesús quería una respuesta personal: "¿Quién *dices* que soy?"

Jesús insistía en conocer su opinión, no acerca de lo que estaba diciendo o haciendo; Él no preguntaba si les gustaba o no a los discípulos. Su pregunta se dirigía al centro de quién era Él como persona. ¿Era solo un hombre extraordinario o era algo más?

Incluso hoy día la pregunta nos acosa.

La controversia que rodeó al estreno de la película *La pasión de Cristo* demostró que esta pregunta aún clama por una respuesta. Justin Pope, en un artículo reciente del *Chicago Sun Times* dice que Jesús es un símbolo distante con muchas interpretaciones: "Está el Jesús negro y el Jesús blanco. Casero y bien parecido, capitalista y socialista, serio y *hippie.* Reformista social que trabajó duro, consolador místico".[1]

El Código Da Vinci ofrece una respuesta diferente: Jesús,

el hombre casado. Jesús el feminista. Jesús el profeta mortal. Queda claro que todos tienen una opinión acerca de Jesús.

En este libro, investigaremos las raíces históricas del primer cristianismo. Buscaremos dar respuestas creíbles a estas preguntas: ¿Quién es Jesús? ¿Los documentos del Nuevo Testamento son relatos confiables de su vida y de su ministerio? ¿Y qué debería significar esto para los que vivimos en el siglo XXI?

Echaremos una ojeada a la forma en que los disidentes de los primeros siglos ofrecían su propia interpretación radical de la vida y la misión de Jesús. Estos disidentes tenían sus propios documentos, sus propias convicciones religiosas y sus propios maestros. En este estudio, evaluaremos qué tenían para decir y cómo esto nos sigue impactando hoy día.

Únase a mí en este viaje mientras exploramos los orígenes de la fe cristiana.

Dr. Erwin W. Lutzer

¡Bienvenido al mundo misterioso de la conspiración, los códigos secretos y los documentos históricos ocultos por tantos siglos como ha existido la iglesia!

Si no ha leído *El Código Da Vinci*, yo lo introduciré a la historia y a algunas ideas novedosas que tal vez nunca haya oído antes, tales como:

- ¡Jesús estaba casado con María Magdalena!
- ¡Tuvieron hijos que se casaron con la realeza francesa!
- ¡Y todo esto se ha conocido durante siglos, pero la verdad se ha mantenido oculta al público por temor a destruir el poder de la iglesia! De hecho, hay una organización sumamente secreta que guarda documentos que, si se hicieran públicos, destruirían el cristianismo tal como lo conocemos.

"Los rumores de esta conspiración han sido susurrados durante siglos", dice el autor de gran venta Dan Brown en *El Código Da Vinci*. De hecho, estos rumores han aparecido "en innumerables idiomas, incluyendo los idiomas del arte,

ERWIN W. LUTZER

la música y la literatura". Y, se nos dice, que algunas de las evidencias más dramáticas aparecen en las pinturas de Leonardo Da Vinci.

El Código Da Vinci ha estado en la lista de los libros más vendidos durante meses, y con una próxima película basada en el libro, seguramente la historia recibirá aún más circulación. Si no ha leído la novela, probablemente conozca a alguien que sí lo ha hecho. Muchos piensan que el libro podría tener algo de verdad, tal vez la evidencia histórica es endeble, pero, como preguntó un crítico: "¿Por qué no podemos creer que eso *podría* haber sucedido?"

Antes de responder esa pregunta, echemos una ojeada a la premisa del libro. En pocas palabras, esta es la historia. *El Código Da Vinci* abre con el curador del Louvre yaciendo muerto en un charco de su propia sangre. Mientras tanto, Robert Langdon, un profesor de Harvard y experto en simbolismo esotérico, está en París por asuntos de negocios. La policía francesa rastrea a Langdon en su hotel y le pide que interprete un extraño cifrado que quedó en el cuerpo de la víctima de asesinato. A Langdon se une en esta investigación una joven criptóloga llamada Sophie Neveu. Cuando Sophie le advierte en privado a Robert que él es el principal sospechoso del asesinato, huyen. Pero la víctima ha intencionadamente dejado claves para que ellos las sigan. Mientras descifran sus instrucciones codificadas, Robert y Sophie rápidamente se dan cuenta de que el crimen está ligado a la legendaria búsqueda del Santo Grial. Bastante providencialmente, la pareja puede reunirse con un fanático del Santo Grial, Sir Leigh Teabing, cuyo excesivo conocimiento e investigación alimentan sus esfuerzos por encontrar el Grial.

Teabing instruye con entusiasmo a la pareja sobre asuntos que rodean los eventos del Nuevo Testamento, incluyen-

xii

do una comprensión alternativa de Jesús, María Magdalena y la verdadera naturaleza del Santo Grial. Cita los Evangelios gnósticos, documentos antiguos que supuestamente dan un relato más confiable de la vida y las enseñanzas de Cristo que los documentos del Nuevo Testamento que conocemos en la actualidad.

Todavía buscados por las autoridades, Robert, Sophie y ahora Sir Leigh huyen a Londres y luego a Escocia, esperando encontrar más evidencias acerca del asesinato y su conexión con el Santo Grial. El lector se mantiene en suspenso mientras estos personajes inteligentes y resueltos horadan el mundo oculto del misterio y la conspiración en un intento por vencer siglos de engaño y secretos. A un paso delante de la policía, pueden utilizar códigos ocultos y manuscritos que la iglesia ha intentado esconder al público.

Quizá la parte más interesante del libro, y en su núcleo, sea la noción de que Jesús estuvo casado con María Magdalena, y que tuvieron una hija. La leyenda dice que después de la crucifixión de Jesús, María y su hija, Sara, fueron a Gaul donde establecieron la línea merovingia de la realeza francesa. Esta dinastía, se nos dice, hoy día continúa incluso en la organización misteriosa conocida como el Priorato del Sión, una organización secreta cuyo brazo militar eran los Caballeros del Templario. Los miembros de esta organización supuestamente incluyen a Leonardo Da Vinci, Isaac Newton y Víctor Hugo. Hasta el presente, dice Teabing, las reliquias de María y los registros excavados por los templarios están guardados, ocultos en secreto y misterio.

Hay más: *El Código Da Vinci* reinterpreta el Santo Grial como nada más que en los restos de la esposa de Jesús, María Magdalena, quien mantuvo la sangre de Jesucristo en su vientre mientras estaba embarazada de su hija.

El libro sostiene que Jesús quería que María Magdalena condujera la iglesia, pero que "Pedro tenía un problema con eso", entonces ella fue declarada prostituta y alejada del papel de liderazgo. Aparentemente, la iglesia quería un Salvador hombre célibe que perpetuara el gobierno masculino. Entonces, luego de que su esposo fuera crucificado, María fue a Gaul, llevando a su hija y el Santo Grial. Si esta teoría fuera cierta, hoy día habría descendientes vivos de Jesús.

Robert y Sir Leigh le dicen a Sophie que la verdadera historia acerca de María ha sido preservada en códigos y símbolos cuidadosamente ocultos con el fin de evitar la ira de la iglesia católica. En estos códigos ocultos, el Priorato de Sión ha podido preservar su propia versión de la vida de Jesús y María juntos sin decir toda la verdad.

Leonardo da Vinci conocía esto, se nos dice, y utilizó su conocida pintura de La Última Cena para ocultar muchos niveles de significado. En la pintura, Juan está sentado a la derecha de Jesús. Pero los rasgos de Juan son femeninos. Resulta que la persona que está a la diestra de Jesús no es Juan después de todo, sino María Magdalena. Y a propósito, Leonardo no pintó una copa o cáliz en la mesa, ¡otra pista de que el verdadero Grial es María, sentada a la derecha de Jesús!

Mientras Robert, Sophie y Sir Leigh continúan su investigación, la poderosa organización católica *Opus Dei* está preparada para usar cualquier medio necesario, inclusive el asesinato, para mantener una tapa sobre el secreto. Lleno de dinero de la iglesia, el *Opus Dei* está resuelto a obligar a los oficiales principales del Priorato a revelar el mapa de la ubicación del Grial. Si se revelaran los secretos del Priorato, la iglesia quedaría expuesta como un fraude construido sobre siglos de engaño.

La agenda de Dan Brown no es tan oculta: Este libro es un ataque directo en contra de Jesucristo, de la iglesia y de aquellos que somos sus seguidores y lo llamamos Salvador y Señor. El cristianismo, de acuerdo a la novela de Dan Brown, fue inventado para reprimir a las mujeres y para alejar a las personas del "femenino divino". Es comprensible que el libro apele a los feministas, que ven un retorno a la adoración de una diosa como una necesidad de combatir la supremacía masculina.

El fondo de esta teoría es que el cristianismo se basa en una mentira, o mejor dicho, en varias grandes mentiras. Por un lado, Jesús no era Dios, pero sus seguidores le atribuían una deidad a fin de consolidar el gobierno masculino y reprimir a los que adoraban al femenino divino. De hecho, de acuerdo a Dan Brown, en el Concilio de Nicea, Constantino inventó la idea de la deidad de Cristo para poder eliminar toda oposición, declarando herejes a aquellos que disentían. Es más, Constantino también eligió a Mateo, Marcos, Lucas y Juan como los únicos Evangelios porque encajaban con los intereses de Constantino del poder masculino. Se rechazaron otros ochenta evangelios viables porque enseñaban que Jesús quería que María Magdalena fuera la verdadera líder de la iglesia. "Fue toda una cuestión de poder", se nos dice.

Increíblemente, nos enteramos de que en el Antiguo Testamento, Israel adoraba tanto al Dios hombre Jehová como a su *contraparte femenina,* la gloria *Shekiná.* Siglos después, la iglesia oficial, la iglesia que odiaba al sexo, que odiaba a la mujer, suprimió esta adoración a la diosa y eliminó el femenino divino.

Este concepto del femenino divino, que la iglesia intentó suprimir, es en realidad la noción pagana de que en los rituales sexuales el hombre y la mujer experimentan a Dios. "La unión física con la mujer quedó como el único medio a través del cual el hombre podría completarse espiritualmente y finalmente lograr la *gnosis:* El conocimiento de lo divino".[1] Pero este uso del sexo para comulgar directamente con Dios era una amenaza para la iglesia católica porque socavaba su poder. "Por motivos obvios, trabajaron arduamente para demonizar el sexo y volverlo un acto asqueroso y pecaminoso. Otras religiones importantes hicieron lo mismo".[2]

"Casi todo lo que nos enseñaron nuestros padres acerca de Cristo es *falso* ", se lamenta Teabing. El Nuevo Testamento es simplemente el resultado de un liderazgo dominado por los hombres que inventaron el cristianismo a fin de controlar el Imperio Romano y oprimir a las mujeres. El verdadero Jesús fue el feminista original, pero sus deseos fueron ignorados para alentar los intereses masculinos.

Si el libro se vendiera solo como una novela, sería una lectura interesante por las conspiraciones para las personas que les gustan los policiales acelerados. Lo que hace que el libro sea problemático es que dice estar basado en hechos. En la solapa, leemos que el Priorato de Sión existe, como existe el *Opus Dei,* una secta católica devota que genera controversias debido a informes de lavado de cerebro, coerción y "mortificación corporal". Finalmente, se nos dice que: "Todas las descripciones de arte, arquitectura, documentos y rituales secretos en esta novela son precisos".

En su sitio en la red informática, Dan Brown hace otras declaraciones acerca de la confiabilidad histórica de la obra. Algunos críticos han alabado el libro por su "investigación impecable". Una mujer, cuando se le dijo que la novela era mentira, respondió: "¡Si no fuera cierto no habría sido publicado!" Un hombre dijo que ahora que había leído el libro, nunca más iba a poder ingresar a una iglesia.

Los lectores deben saber que la trama básica de este libro ha existido durante siglos y que puede encontrarse en la literatura esotérica y Nueva Era tal como *Holy Blood, Holy Grail* [Santa sangre, santo Grail] de Michael Baigent (1983), al que se hace referencia en la novela. La diferencia es que Brown toma estas leyendas y las envuelve con una historia casi histórica que la leen millones de personas. Muchas personas que leen el libro se preguntan si todas, o al menos algunas, de sus premisas podrían ser ciertas.

Cuando la cadena de televisión ABC hizo un documental acerca de *El Código Da Vinci*, le dio credibilidad a la novela, y en su mayor parte, ignoró a los eruditos serios a favor de un rumor sensacionalista y una especulación mal fundada. Si bien el programa terminó con la frase: "No tenemos ninguna prueba", resulta claro que al libro se le dio cierto grado de respetabilidad, con la consecuencia de que prueba o no prueba, Dan Brown podría tener razón en algo.

Recientemente leí *The Templar Revelation: Secret Guardians of the True Identity of Christ* [La revelación de los templarios: Guardianes secretos de la verdadera identidad de Cristo], escrito por Lynn Pickett y Clive Prince, que incluye temas similares a *El Código Da Vinci* supuestamente basados en la investigación histórica. Este libro intenta otorgar validez a la idea de que María Magdalena fue la mujer que Jesús designó para iniciar la iglesia. También sostiene que el Nuevo Testamento es un relato higiénico de temas de culto, incluyendo rituales sexuales.

¿Cuán factible es que una conspiración haya mantenido oculta la verdadera historia de María y Jesús? Si es cierto, toda la estructura de la teología cristiana es un complot para engañar a las masas. Si es cierto, los apóstoles fueron todos parte de este complot y estaban dispuestos a entregar la vida de cada uno de ellos por lo que sabían que era una mentira. ¿Y si es cierto, nuestra fe, la fe de los que confiamos en Cristo, no tiene fundamento?

ERWIN W. LUTZER

AL DESCUBRIR EL ENGAÑO

Puesto que *El Código Da Vinci* sostiene ser casi histórico, es importante que nos preguntemos: ¿Es este libro factible? Muchos se preguntan en qué lugar Brown cruza la línea entre la verdad y la ficción, entre los hechos y la fantasía. ¿Es simplemente posible que algún día, en algún lugar, descubramos que su versión de la historia tiene credibilidad?

He escrito este libro en un intento por responder estas y otras preguntas. Observaremos tema tales como el Concilio de Nicea, los Evangelios gnósticos, el canon del Nuevo Testamento, y las pinturas de Leonardo Da Vinci. ¿Fue Jesús solo un líder inspirador que fundó un movimiento religioso? ¿Los gnósticos representaban una forma temprana del cristianismo que fue secuestrada por los apóstoles dominados por los hombres del Nuevo Testamento? En el proceso de responder estas preguntas, confío en que su fe será a la vez desafiada y fortalecida.

No es mi intención enumerar todos los errores históricos de *El Código Da Vinci*, eso constituiría de hecho una lista muy larga. Estas falsas declaraciones incluían: "Jesús fue una figura histórica de increíble influencia... (Él) inspiró a millones" cuando estuvo aquí en la tierra y "durante trescientos años de cacería de brujas, la iglesia quemó una asombrosa cantidad de cinco *millones* de mujeres".[3] Estas y otras declaraciones equivocadas no son en verdad centrales al ataque básico que el libro realiza en contra de la fe cristiana. Voy a concentrarme en cambio en las observaciones hechas en contra de Jesús y de la Biblia.

A continuación están varias de las preguntas clave que intentaremos responder:

- ¿Constantino inventó la deidad de Cristo? ¿Y el Concilio de Nicea, que él reunió, determinó qué libros deberían estar en el

Nuevo Testamento? (¿quizás repetitivo para parte de la primera pregunta?)

- ¿Son los Evangelios gnósticos guías confiables de la historia del Nuevo Testamento?

- ¿Es factible que María Magdalena se hubiera casado con Jesús?

- ¿Quién determinó qué libros constituirían el Nuevo Testamento, y sobre qué base fueron incluidos? ¿Cuándo fueron tomadas estas decisiones?

- ¿Se acusó al Opus Dei de destruir el Priorato del Sión a fin de callar secretos acerca del verdadero Jesús?

- ¿Si estamos de acuerdo con Dios, también tenemos que estarlo respecto de Jesús?

- ¿Es cierto que el gnosticismo (a ser definido más adelante) es un "cristianismo alternativo" viable que podría representar la verdadera fe cristiana?

Acompáñeme en un viaje que nos conducirá a la intrigante historia de los orígenes del cristianismo y a aquellos eventos históricos que definieron a la iglesia cristiana.

Haya leído usted o no *El Código Da Vinci*, creo que se beneficiará de una respuesta cristiana a los ataques realizados en contra del Jesús de la historia.

UNO

EL CRISTIANISMO, UN POLÍTICO Y UN CREDO

Tenemos un buen motivo para ser escépticos cuando un político abraza la religión, en especial si la religión lo ayuda a lograr sus ambiciones políticas. Considere al emperador Constantino, de quien se dice en *El Código Da Vinci* que inventó la deidad de Cristo para consolidar su poder. Y, se nos dice, que también eliminó esos libros del Nuevo Testamento que no encajaban con sus intereses políticos.

En *El Código Da Vinci*, Brown afirma que al declarar la deidad de Cristo, Constantino solidificó su reinado y se ganó el derecho a declarar herejes a los que no estaban de acuerdo con él. El emperador reunió el Concilio de Nicea en el año 325 d.C. para ratificar esta nueva doctrina que le daría el poder que ansiaba. Sir Leigh Teabing, el entusiasta del Santo Grial, le explica a Sophie que en el concilio los delegados acordaron acerca de la divinidad de Jesús. Luego agrega: "Hasta *ese* momento de la historia, sus seguidores veían a Jesús como un profeta mortal... un gran y poderoso hombre, pero de todos modos un *hombre*. Un mortal".

1

ERWIN W. LUTZER

Entonces, se nos dice, que Constantino "mejoró el status de Jesús casi cuatro siglos después de la 'muerte' de Jesús por razones políticas.[1] En el proceso, Constantino se aseguró el dominio masculino y el suprimir a las mujeres. Al forzar a otros a aceptar sus opiniones, el emperador demostró su poder y fue libre para matar a todos los que se le oponían.

El segundo argumento en la novela es que Constantino rechazó otros ochenta evangelios que eran favorables al femenino divino. Para citar a Teabing otra vez: "Más de *ochenta* evangelios se consideraron para el Nuevo Testamento, y sin embargo, solo unos pocos fueron elegidos para ser incluidos: Mateo, Marcos, Lucas y Juan entre ellos... la Biblia, como la conocemos actualmente, fue compilada por el emperador pagano Constantino el Grande".[2]

En otras palabras, Constantino reconoció una buena transacción cuando la vio y por lo tanto convocó al concilio para asegurar el poder masculino y aceptar esos documentos canónicos que eran favorables a sus intereses políticos. Langdon dice: "El Priorato cree que Constantino y sus sucesores varones convirtieron con éxito el mundo de un paganismo matriarcal al cristianismo patriarcal librando una campaña de propaganda que demonizó el femenino sagrado, borrando a las diosas de la religión moderna para siempre".[3] Con este logro, el curso de la historia de la iglesia se solidificó de acuerdo al gusto de Constantino. "Recuerde que todo se trató de poder", se nos dice.

Comencemos a investigar estos argumentos. En este capítulo, separaremos los hechos de la ficción, observaremos los registros antiguos y descubriremos exactamente lo que hizo y lo que no hizo Constantino. Enfrentaremos de plano las siguientes preguntas: ¿Se le ocurrió a Constantino la idea de la divinidad de Jesús? ¿El Concilio de Nicea incluyó deliberadamente algunos libros en el Nuevo Testamento y

2

excluyó otros a fin de garantizar el dominio masculino y solidificar el poder de Constantino?

Los historiadores de la iglesia acuerdan que cerca de los eventos en el Nuevo Testamento, el evento más importante en la historia del cristianismo es la conversión del emperador Constantino al cristianismo en el año 312 d.c. En breve, esta es la historia: Las tropas de Constantino estaban ubicadas en el puente Milvio en las afueras de Roma, donde se estaban preparando para derrocar al emperador romano Magencio. Una victoria haría, en efecto, que Constantino fuera el único gobernador del imperio. Pero la noche antes de la batalla, Constantino, se dice, tuvo una visión que cambió su vida y la historia de la iglesia.

En las palabras de Eusebio de Cesarea, quien era a la vez historiador y confidente de Constantino, el emperador estaba orando a un dios pagano cuando "vio con sus propios ojos el trofeo de una cruz a la luz de los cielos, sobre el sol y una inscripción, *Conquistado por esto* adjuntado a esta... Luego en su sueño el Cristo de Dios se le apareció con la señal que él había visto en los cielos, y le ordenó hacer una semejanza de esta señal que había visto en los cielos, y usarla como salvaguarda en todas las batallas con sus enemigos".[4]

Para hacer corta la historia larga, Constantino cruzó por el puente y ganó la batalla, luchando bajo el estandarte de la cruz cristiana. Luego emitió el Edicto de Milán, decretando que los cristianos ya no fueran perseguidos. Y ahora, si bien era un político, asumió el liderazgo en las disputas de doctrinas que estaban perturbando la unidad de su imperio.

Viajemos a Nicea (Iznik en Turquía de los días modernos, aproximadamente a 200 kilómetros de la Estambul de la Era Moderna) para descubrir qué sucedió allí, hace 1.700 años.

ERWIN W. LUTZER

BIENVENIDO AL CONCILIO

Aquellos de nosotros criados en un país donde la religión es sumamente privada y donde la diversidad es bien tolerada podríamos encontrar difícil la idea de que a principios del siglo IV, las disputas por doctrinas estaban destrozando el imperio de Constantino.

Se dice que si uno compraba una hogaza de pan en el mercado de Constantinopla, se le podría preguntar si creía que Dios el Hijo era concebido o no concebido y si preguntaba acerca de la calidad del pan se le diría que el Padre es más grande y el Hijo es menos importante.

Agregando combustible a estos desacuerdos había un hombre llamado Arrio que estaba obteniendo seguidores al enseñar que Cristo no era por completo Dios, sino un dios creado de diversos tipos. Él creía que Cristo era más que un hombre, pero menos que Dios. Arrio era un gran comunicador, y puesto que colocó sus ideas de doctrinas en anuncios musicales, estas fueron ampliamente aceptadas. Si bien muchos arzobispos de la iglesia lo declararon hereje, no obstante las disputas continuaron. Constantino convocó al primer concilio ecuménico en Nicea, con la esperanza de suprimir el disenso y unificar el cristianismo. De hecho, el emperador nunca pagó los gastos a los arzobispos que se reunieron.

A Constantino no le importaban los puntos más finos de la teología, así que prácticamente cualquier credo le hubiera satisfecho, siempre y cuando unificara a sus súbditos. Como dijo un historiador: "El cristianismo se convirtió tanto en un camino a Dios como en una forma de unir el imperio".[5] Él se hizo cargo del discurso de inauguración, diciéndoles a los delegados que la falta de unidad en la doctrina era peor que la guerra.

Esta intrusión de un político en las doctrinas y procedimientos de la iglesia recibió el resentimiento de algunos de los delegados, pero fue bien recibida por otros. Para los que habían atravesado un período de amarga persecución, esta conferencia, llevada a cabo bajo el estandarte imperial, era el cielo en la tierra.

El gran debate

Más de trescientos arzobispos se reunieron en Nicea para dirimir disputas sobre la cristología, es decir, la doctrina de Cristo. Cuando Constantino terminó con el discurso inaugural, comenzaron los procedimientos.

Abrumadoramente, el concilio declaró hereje a Arrio. Si bien se le dio una oportunidad a Arrio para defender sus opiniones, los delegados reconocieron que si Cristo no era del todo Dios, entonces Dios no era el Redentor de la humanidad. Decir que Cristo fue creado era negar la clara enseñanza de las Escrituras: "Porque en él fueron creadas todas las cosas, las que hay en los cielos y las que hay en la tierra, visibles o invisibles; sean tronos, sean dominios, sean principados, sean potestades; todo fue creado por medio de él y para él" (Col. 1:16). Claramente, si Él creó *todas* las cosas, ¿con toda seguridad no pudo haberse creado a sí mismo? A este pasaje se agregaron muchos otros que enseñan la deidad de Cristo, tanto de los Evangelios como de las epístolas (Jn. 1:1; Ro. 9:5; He. 1:8, y más).

Afirmando la divinidad de Jesús, los delegados volcaron su atención a la cuestión de cómo Él se relacionaba con el Padre. Eusebio el historiador presentó su punto de vista, sosteniendo que Jesús tenía una naturaleza que era *similar* a la de Dios el Padre.

No estaba presente durante el concilio el teólogo Atanasio, quien creía que incluso decir que Cristo es *similar* a Dios el Padre constituye una omisión de toda la enseñanza bíblica acerca de la divinidad de Cristo. Su argumento de que Cristo solo podría ser Dios en el sentido pleno era el *mismo* al de que el Padre era expresado por su representante, Marcelo, un arzobispo de Asia Menor. Constantino, viendo que el debate se inclinaba a favor de Atanasio, aceptó la sugerencia de un arzobispo erudito y aconsejó a los delegados que utilizaran la palabra griega *homoousion* que significa "uno y el mismo". En otras palabras, Jesús tenía la **misma** naturaleza que el Padre.

El concilio estuvo de acuerdo, y hoy día contamos con el famoso Credo Niceno. Como cualquiera que haya alguna vez citado al credo sabe, Jesucristo es declarado la "luz de la luz, el propio Dios del propio Dios; concebido, no hecho, *siendo de una misma sustancia* con el Padre, por el cual todas las cosas se crearon" (cursivas añadidas). No puede haber duda alguna de que los delegados afirmaron que Cristo era una deidad en el sentido más pleno.

¿Por qué debemos interesarnos en este debate? Algunos críticos se han divertido con el hecho de que el Concilio de Nicea se dividió por una "iota". La diferencia entre las palabras griegas para *similar* e *igual* es solo una letra del alfabeto: La letra *i*. Algunos sostienen que es algo particular de los teólogos hacerse tanto problema, argumentando acerca de cosas sin importancia que poco tienen que ver con el mundo real. ¡Cuánto mejor es ayudar a los pobres o involucrarse en la política de la época!

Pero William E. Hordern cuenta una historia que ilustra cómo una letra o una coma pueden cambiar el significado de un mensaje. En los días en que los mensajes se enviaban por telégrafo había un código para cada signo de puntuación. Una mujer, que viajaba por Europa, le envió un cable a su esposo para preguntarse si podía comprar un hermoso brazalete por 75.000 dólares. El esposo le envió un mensaje de respuesta: "El precio, no, es alto". El operador del cable, al transmitir el mensaje, se olvidó de la señal para la coma. La mujer recibió el mensaje: "El precio no es alto". Ella compró el brazalete; ¡el esposo inició un juicio y ganó! Después de eso las personas que usaban el código Morse se ocuparon de la puntuación. Claramente, una coma o una "iota" puede tener una gran diferencia al comunicar un mensaje".[6]

Si bien el Concilio de Nicea estaba dividido por las palabras griegas *similar* e *igual,* el tema era de increíble importancia. Incluso si Cristo fuera el más alto y la criatura más noble de la creación de Dios, entonces Dios estaría indirectamente involucrado en la salvación del hombre. Como lo dijo un historiador, Atanasio se dio cuenta de que "solo si Cristo es Dios sin calificación, Dios ha ingresado en la humanidad, y solo entonces la comunión con Dios, el perdón de los pecados, la verdad de Dios y la inmoralidad llegará por cierto a los hombres".[7]

En *El Código Da Vinci* leemos que la doctrina de la deidad de Dios fue aprobada por "una votación relativamente cercana". Eso es ficción, ya que solo cinco de más de trescientos arzobispos (la cantidad se cree en realidad que llegó a los 318) apoyaron el credo. De hecho, finalmente, solo dos se rehusaron a firmarlo. El resultado no fue exactamente peleado. Eso no quiere decir que el Concilio de Nicea terminó con todas las disputas. El arrianismo continuó teniendo sus adherentes, y los emperadores siguientes se pusieron del lado de cualquier punto de vista que les convenía en ese momento. Pero a partir de este momento, la ortodoxia cristiana mantuvo que Jesús era "Dios del propio Dios".

Si Constantino era un converso genuino al cristianismo o no, es tema de debate. Lo que sí sabemos es que había sido adorador del sol antes de su "conversión" y al parecer continuó con dicha adoración durante el resto de su vida. Incluso se le da crédito por la adoración cristiana normalizada al ordenar que el domingo fuera el día oficial de adoración. No caben dudas de que él utilizó al cristianismo para impulsar sus propios fines políticos.

¿Pero él inventó la divinidad de Jesús? ¿Se creía que Cristo era solo un hombre destacable antes del concilio? No hay ninguna evidencia histórica que apoye dicha noción. No solo la deidad de Cristo fue el consenso de los delegados, sino que como puede fácilmente demostrarse, esta doctrina fue mantenida por la iglesia siglos *antes* de que se reuniera el concilio.

En contraposición al argumento de Teabing en *El Código Da Vinci*, muchos creían que Cristo era algo más que un "profeta mortal" antes de que se reuniera el concilio en el año 325 d.c. Debemos tomarnos un momento para leer los escritos de los padres apostólicos, aquellos que conocieron a los apóstoles y fueron sus discípulos. Entonces podemos investigar escritos de los líderes de la segunda y tercera generación, todos afirmando en su propio modo la divinidad de Jesús.

LOS PADRES DE LA IGLESIA

Permítame presentarle a alguien que ansió morir por Jesús. Esa era la actitud de Ignacio, el arzobispo de Antioquía en Sira. En el año 110 d.c. escribió una serie de cartas a diversas iglesias mientras iba camino al martirio en Roma. La pieza central de su doctrina era su convicción de que Cristo es Dios encarnado. "Hay un Dios que se manifiesta a través de Jesucristo su hijo".[8] Continúa hablando de Jesús como "Hijo de María e Hijo de Dios... Jesucristo nuestro Señor", llamando a Jesús "Dios encarnado". De hecho, se refiere a él como "Cristo Dios".[9] ¡Recuerde que él escribió esto unos doscientos años *antes* del Concilio de Nicea!

Otros ejemplos incluyen lo siguiente:

EL CRISTIANISMO, UN POLÍTICO Y UN CREDO

- Policarpo de Esmirna, un discípulo del apóstol Juan, envió una carta a la iglesia de Filipos aproximadamente entre los años 112-118 d.c. En ella, él supone que aquellos a quien va dirigida reconocen la divinidad de Jesús, su exaltación al cielo y su siguiente glorificación. Policarpo fue martirizado en aproximadamente el año 160 d.c., y dio testimonio de su fe en la presencia de sus verdugos.[10]

- Justino Mártir nació en Palestina y se impresionó con la capacidad de los cristianos para enfrentar la muerte con heroísmo. Cuando oyó el evangelio, se convirtió al cristianismo y se volvió un defensor de la fe que amaba. Dijo que Cristo era "el Hijo y el apóstol de Dios el Padre y amo de todo".[11] Nació aproximadamente en el año 100 d.c. y fue martirizado en el 165 d.c.

- Ireneo se convirtió en el arzobispo de Lyons en el año 177 d.c. Dedicó gran parte de su vida a combatir la herejía del gnosticismo que analizaremos en el siguiente capítulo. Al hablar de pasajes tales como Juan 1:1, él escribió que "todas las distinciones entre el Padre y el Hijo se desvanecen, puesto que el único Dios creó todas las cosas a través de Su palabra".[12]

A esta lista se podrían añadir maestros como Tertulio (150-212), que cien años antes de Constantino, defendió a un Cristo totalmente divino y totalmente humano. Docenas de otros escritos de los primeros siglos del cristianismo demuestran que la primera iglesia afirmaba la deidad de Jesús. Sus convicciones se enraizaban en las Escrituras del Nuevo Testamento que ya eran aceptadas como con autoridad por la iglesia. Para los dos siglos y medio *anteriores* a Nicea, la opinión casi universal de la iglesia era que Cristo era divino, tal como lo enseñaban las Escrituras.

EL TESTIMONIO DE LOS MÁRTIRES

Encontramos más evidencia de que la divinidad de Cristo

ERWIN W. LUTZER

no fue la idea de Constantino cuando recordamos las persecuciones en Roma. Si hubiéramos pertenecido a una pequeña congregación en Roma en el segundo o tercer siglo, tal vez habríamos oído un anuncio como este: "El emperador [César Augusto] ha emitido una nueva orden, requiriendo que todos los sujetos romanos asistan a la ceremonia religiosa/política para unificar la nación y revivir el patriotismo dentro del imperio". Los romanos creían que si uno tenía un dios por encima del César, no se podía confiar en esa persona en un momento de emergencia nacional, una guerra, por ejemplo. Se ordenaba a todos los buenos ciudadanos a "adorar el espíritu de Roma y el genio del emperador", como decía el edicto. Específicamente, esta ceremonia implicaba la quema de incienso y simplemente decir "César es el Señor".

La persecución no siempre se basaba en la noción de que los romanos prohibían la adoración de Jesucristo. Al César, por ejemplo, no le importaba a qué dios adoraba una persona. Luego de que uno cumpliera con la confesión obligatoria anual de que César era el Señor, esa persona era libre de adorar a cualquier dios que quisiera, incluyendo a Jesús. Las congregaciones cristianas, y había muchas de ellas, debían realizar una dura elección: O cumplían como ciudadanos o enfrentaban una retribución cruel. Muchos de los cristianos habían visto cómo sus parientes o amigos eran arrojados a bestias salvajes o muertos por gladiadores por negarse a confesar el señorío del César.

Si Jesús hubiera sido considerado como una opción entre muchas, los cristianos podían haber expresado su lealtad a otras expresiones de lo divino. ¿Por qué no encontrar un terreno común con la unidad central de todas las religiones? No solo esto habría promovido la armonía, sino que también el bien común del estado. Así que la opción, estrictamente

10

hablando, no era si los cristianos adoraban a Cristo o al César, sino si adoraban a Cristo y al César.

Si alguna vez tiene la oportunidad de visitar Roma, no se pierda el Panteón, uno de los edificios más antiguos y más bellos que aún están de pie hoy día, terminado en el año 126 d.C. Es una obra maestra de perfección con un gran domo hemisférico. Este era el "templo de los dioses" de Roma, el lugar donde habitaban todos los diversos dioses de la antigua Roma. Lleno de estatuas y adornos, es aquí donde se localizaba la adoración religiosa diversa.

Resulta interesante que los paganos no veían ningún conflicto entre adorar al emperador y la adoración a sus propios dioses. Por eso es que se construyó el Panteón; albergaba a todos los diversos dioses de aquellos que vivían dentro del imperio. El paganismo, tanto antiguo como moderno, siempre ha sido tolerante de otros dioses finitos. Después de todo, si su dios no es una deidad suprema, entonces de hecho tiene poca opción más que hacer lugar para otros dioses y celebrar el esplendor de la diversidad.

Pero los cristianos comprendían algo con mucha claridad: Si Cristo era Dios, y ellos creían que lo era, de hecho, si él era el "Dios del propio Dios", entonces no podían adorarlo junto a otros. Así, mientras algunos bajaban su cabeza ante el César con el fin de salvar la vida y la de sus familiares, muchos de ellos, miles de ellos, estaban dispuestos a desafiar a las autoridades políticas y a pagar caro su compromiso.

Luego de una época de intensa persecución para aquellos que afirmaban la divinidad de Jesús, sucedió lo inesperado. El emperador decidió que debía terminar la persecución de los cristianos. Para cumplir con su palabra, encargó que se colocara una estatua de Jesús en el Panteón como expresión de buena voluntad y de prueba de que Jesús era ahora considerado un dios legítimo, junto con todos los demás. Pero los cristianos dijeron: "Gracias, pero no, gracias". Comprendían que la divinidad de Jesús significaba que Él no podía ser colocado en el mismo estante que los dioses paganos.

Lo que quiero decir es simplemente que siglos antes de Constantino, estos primeros cristianos ya habían demostrado que creían que Jesús era divino. Y pagaron por sus convicciones con represalias, acoso y con frecuencia con la muerte. La afirmación del *El Código Da Vinci* de que Constantino "subió de categoría a Jesús" de hombre a Dios es pura ficción.

Con razón la marca de un hereje en el Nuevo Testamento era alguien que negaba la encarnación. "Todo espíritu que confiesa que Jesucristo ha venido en carne, es de Dios; y todo espíritu que no confiesa que Jesucristo ha venido en carne, no es de Dios" (1 Jn. 4:2-3). La convicción es que, en Cristo, Dios se convirtió en hombre y eso era el corazón de la primera fe cristiana.

EL CONCILIO DE NICEA Y EL CANON DEL NUEVO TESTAMENTO

El Código Da Vinci sostiene, así como muchos escritos ocultistas, que Constantino y sus delegados decidieron eliminar libros del Nuevo Testamento que eran desfavorables a su teología del gobierno masculino y a su compromiso a la represión sexual. Ya hemos citado a Sir Leigh Teabing diciendo que más de ochenta evangelios se consideraron para el Nuevo Testamento y que la Biblia tal como la conocemos hoy día fue compilada por Constantino.

Leí una opinión similar en *The Templar Revelation* [La revelación de los templarios], un libro que está a la par de *El Código Da Vinci*, y que supuestamente da una posibilidad histórica a estos eventos. Los autores argumentan: "En nuestra opinión, la iglesia católica nunca quiso que sus miembros supieran acerca de la verdadera relación entre Jesús y María, motivo por el cual los Evangelios gnósticos no se incluyeron en el Nuevo Testamento y por el cual la mayoría de los cristianos ni siquiera saben que existen. El Concilio de Nicea, cuando rechazó los muchos Evangelios gnósticos y votó para incluir solo los de Mateo, Marcos, Lucas y Juan en el Nuevo Testamento, no tuvo un mandato divino para este gran acto de censura. Actuó por preservación propia, puesto que en esos tiempos, el siglo cuatro, el poder de la Magdalena y de sus seguidores ya se había difundido demasiado para que la patriarquía pudiera manejarlo".[13]

Observaremos con mayor detalle asuntos referentes a la formación del *canon* y a la vida de María Magdalena más adelante en este libro. Pero por ahora, considere esto: Las obras históricas acerca de Nicea no dan evidencia alguna de que Constantino y los delegados siquiera trataron los Evangelios gnósticos o cualquier cosa que perteneciera al *canon*. Habiendo intentado todo, no he encontrado ni un renglón en los documentos acerca de Nicea que registre un tratamiento acerca de qué libros debían o no debían estar en el Nuevo Testamento. Prácticamente todo lo que sabemos que sucedió en Nicea proviene del historiador Eusebio, y ni él ni nadie más da un pista de que se trataron tales asuntos. En Nicea se emitieron veinte reglamentos, y los contenidos de todos ellos todavía existen; ni uno solo se refiere a asuntos concernientes al *canon*.

Afortunadamente, pude rastrear la fuente del error. Baron D'Holbach en *Ecce Homo* escribe: "La cuestión de los Evangelios auténticos y bastardos no se trató en el primer Concilio de Nicea. La anécdota es ficticia".[14] D'Holbach rastrea la ficción hasta Voltaire, pero otras investigaciones posteriores revelan una fuente incluso más temprana del rumor.

Un documento anónimo llamado *Vetus Synodicon*, escrito en aproximadamente el año 887 d.c., dedica un capítulo a cada uno de los concilios ecuménicos que se realizaron hasta ese momento. Sin embargo, el compilador añade detalles que no se encuentran en los escritos de los historiadores. En cuanto a su relato de Nicea, él escribe que el concilio trató asuntos de la divinidad de Jesús, la Trinidad y el *canon*. Escribe: "Los libros canónicos y apócrifos se distinguieron de la siguiente manera: en la casa de Dios los libros se ubicaron en el altar sagrado; luego el concilio le pidió al Señor en oración que las obras inspiradas estuvieran en la parte superior y, como de hecho sucedió..."[15] Esto, obviamente, es el contenido de la leyenda. Ningún documento importante perteneciente a Nicea hace referencia a tal procedimiento.

Incluso si esta historia fuera cierta, aún así no demostraría el argumento de que el concilio rechazó determinados libros del Nuevo Testamento porque promovían el feminismo o la idea de que María Magdalena estaba casada con Jesús. Estos temas simplemente no fueron tema de discusión.

Al hablar de leyendas, otro sostiene que luego de que los dos arzobispos que no firmaron el Credo Niceno murieron, los padres de la iglesia, no queriendo alterar el número milagroso de 318 (aparentemente el número de delegados presentes), colocaron el credo sin su firma en sus tumbas durante la noche, "en las que milagrosamente se agregaron también sus firmas".[16] Estos tipos de supersticiones florecieron a lo largo del Medioevo.

Más adelante en este libro, nos enteraremos de que Constantino sí pidió que se copiaran cincuenta Biblias para las iglesias de Constantinopla. Pero *El Código Da Vinci* afirma que Constantino obstaculizó las Escrituras o excluyó determinados libros. Esta afirmación no es correcta. Esto es un recordatorio de que con frecuencia las leyendas se confunden tanto con los hechos que las primeras parecen reemplazar los hechos. Cuando uno presenta la historia sin consultar las fuentes, se puede escribir todo lo que pueda imaginar una mente. En cuanto a invenciones, *El Código Da Vinci* está junto a las apariciones de Elvis.

LA HISTORIA SE REPITE

Hemos aprendido que el gobierno oficial romano aborrecía el exclusivismo del cristianismo, la idea de que Cristo es el único camino a Dios. Los romanos tronaban ante la misma sugerencia de que Cristo estaba por encima de otros dioses, de hecho sosteniendo que ningún otro dios existía. Para ellos, era tanto política como religiosamente intolerable que los cristianos insistieran en que había un único Redentor legítimo que estaba dispuesto a venir a ayudar a la humanidad. Toleraban a todos menos a los que eran intolerantes.

En el próximo capítulo veremos otro poderoso ataque contra la fe cristiana que no provino del establecimiento político, sino de los zelotes religiosos que querían hacer del cristianismo algo doctrinariamente diverso. Si bien el gnosticismo era un movimiento religioso y no político, tenía la misma motivación que el gobierno romano: No podía tolerar los argumentos exclusivos realizados por Jesucristo. Los gnósticos cínicamente utilizaron la fe cristiana como les convenía, en lugar de aceptar lo que consideraban como las doctrinas estrechas enseñadas por la primera iglesia.

Mientras investigamos el gnosticismo (a ser definido más adelante), veremos que tiene notables similitudes con la búsqueda actual de la espiritualidad. El gnosticismo invita a dividir lealtades entre Jesús y deidades menos competentes. El gnosticismo dice que nuestra necesidad real no es de perdón, sino de iluminación propia. Jesús, dicen los gnósticos, puede ayudarnos, pero Él no es necesario para nuestra búsqueda de salvación.

El gnosticismo rechaza la conclusión de Nicea, a no ser, por supuesto, que todos seamos considerados divinos. Como el movimiento Nueva Era de hoy día, los gnósticos creían que cada persona puede encontrar a Dios de su propia manera. Con razón Pablo escribió: "Porque vendrá tiempo cuando no sufrirán la sana doctrina, sino que teniendo comezón de oír, se amontonarán maestros conforme a sus propias concupiscencias" (2 Ti. 4:3).

Únase a mí mientras investigamos los documentos gnósticos.

DOS

ESA OTRA BIBLIA

¿Sabía que hay otra Biblia en venta en su librería local? No me estoy refiriendo a una nueva traducción de la Biblia, sino a una totalmente diferente: Una Biblia de aproximadamente cincuenta libros. Algunos de esos libros tienen nombres como *El Evangelio de Tomás, el Evangelio de Felipe, el Evangelio de María y el Evangelio de la verdad.* Bienvenido a la Biblia gnóstica, que tengo abierta ante mí mientras escribo este capítulo. A algunas personas les gusta más esta Biblia alternativa que la que conocemos más; les gusta lo que enseña acerca de Dios, de Cristo, de la humanidad y de las mujeres. Esta Biblia nos da permiso para convertir a Dios en lo que queramos. Esta Biblia acepta el femenino divino y el conocimiento esotérico personal. Por lo menos nos hemos liberado de doctrinas restrictivas tales como el nacimiento virginal, la única deidad de Cristo y su resurrección. La nueva Biblia es lo suficientemente amplia como para abrazar nuestra cultura y permitirnos creer casi todo lo que nos guste creer.

Hay una creciente percepción de que un canon alternativo ha sido descubierto y que nos brinda una forma diferente de "ser cristiano". El argumento es que estos así llamados Evangelios gnósticos nos dan un relato más confiable de la vida de Jesús y de sus enseñanzas que los Evangelios canónicos. Estos Evangelios, algunos podrían decir, son una mejor representación del primer cristianismo que la Biblia con la que la mayoría de nosotros creció.

La introducción a la Biblia gnóstica dice: "Presentamos estos textos como libros sagrados y escrituras sagradas de los gnósticos y, colectivamente, como literatura sagrada de los gnósticos".[1] Así que, de la mano de nuestra Biblia estándar, ahora tenemos textos "sagrados" que compiten.

En *El Código Da Vinci*, los Evangelios gnósticos proporcionan la base histórica para el supuesto matrimonio de Jesús con María Magdalena, según se hace referencia en el Evangelio de Felipe. En la novela, Sir Leigh Teabing cita el pasaje y dice: "Lamentablemente para los primeros editores, un tema terrenal particularmente de preocupación fue recurrente en los Evangelios. María Magdalena... más específicamente, su casamiento con Jesucristo".[2] Más adelante en la novela, se cita el Evangelio de María para demostrar que era intención de Jesús que María Magdalena fuera la líder de la iglesia.

Puesto que el supuesto matrimonio de Jesús y María Magdalena reside en el corazón de *El Código Da Vinci*, observaremos más de cerca esa cuestión en el próximo capítulo. Aquí simplemente quiero dar una breve introducción a los Evangelios gnósticos para que podamos comprender mejor su origen y sus enseñanzas.

La palabra *gnóstico* proviene del griego *gnosis,* que significa conocimiento. Más precisamente, la palabra se usa para referirse al conocimiento oculto que está solo disponible para los iluminados. Los gnósticos creían que a ellos les correspondían únicamente las experiencias espirituales que les dieron una posibilidad de interpretar religiosamente el mundo. Su versión del cristianismo era, entre otras cosas, profemenina. Dios es a veces descrito como andrógino: Es decir, tanto hombre como mujer. Algunos de estos escritos hablan de rituales sexuales y otros realizan referencias complicadas a enseñanzas acerca de Jesús y de sus discípulos. Es comprensible que estos escritos se usen en la bibliografía feminista en un intento por redefinir el cristianismo y divulgar la "historia real" respecto de los orígenes del cristianismo. "Decenas de escritos cristianos fueron considerados santos, entonces una herejía, luego olvidados. ¿Por qué los estamos observando nuevamente?"[3] Estas fueron las preguntas que la revista *Time* hizo en su historia de portada acerca de estos Evangelios. Se nos dice que estos Evangelios "llenan una necesidad percibida de visiones alternativas de la historia de Cristo por parte de quienes buscan la Nueva Era y de creyentes que se sienten incómodos con algunas restricciones teológicas de su fe".[4] Algunos grupos de estudio de iglesias, dice el artículo, están leyendo estos Evangelios alternativos y los encuentran en armonía con el espíritu actual de tolerancia y la religión hágalo, usted, mismo.

Puesto que la Biblia, la tradicional, ha soportado el paso del tiempo y las disciplinas de la historia y la arqueología, ¿no es solo justo que critiquemos a la Biblia gnóstica con el mismo escrutinio histórico que ha recibido la Biblia más conocida? Lamentablemente, esto es a la vez más difícil y más fácil. Más difícil, porque la Biblia gnóstica no hace referencias a ciudades, ríos, valles y eventos específicos en secuencia como lo hace nuestra Biblia tradicional. La arqueología y otras investigaciones históricas no nos ayudarán aquí. De hecho, en su mayor parte los Evangelios gnósticos no realizan ninguna pretensión de ser un registro real de eventos, en cambio, son simplemente las voces de diversos maestros. De hecho, como veremos más adelante, los escritores gnósticos no creían realmente que los eventos históricos (tales como la vida y la misión de Jesús) fueran esenciales para la búsqueda espiritual.

Por otra parte, es más fácil de criticar porque sabemos lo suficiente acerca de los gnósticos y su *modus operandi* como para cuestionar su confiabilidad. Para decirlo suavemente, no hay motivo para aceptar los Evangelios gnósticos como históricos. Su valor reside en decirnos en qué creían los gnósticos, aunque no arrojaron ninguna luz nueva sobre Jesús, María Magdalena o los principios del cristianismo.

Sin embargo, puesto que se citan estos Evangelios con frecuencia en *El Código Da Vinci* y se los usa ampliamente en diversas interpretaciones ocultas del Nuevo Testamento, debemos observar atentamente su origen y contenido. Estamos participando nada menos que en la batalla por la Biblia real.

AL ENCONTRAR LOS ESCRITOS GNÓSTICOS

En 1945, un campesino árabe en Egipto que estaba cavando para encontrar fertilizante descubrió un frasco enterrado. Él tenía la esperanza de encontrar oro, pero como alguien dijo alguna vez, lo que encontró en realidad era algo más precioso que el oro. Dentro del frasco había trece libros de papiro atados con cuero, escritos en copto. Si bien algunos de los manuscritos estaban quemados o desfigurados, varios estaban intactos. Evidentemente, nadie sabe cuándo fueron enterrados, pero las fechas de los escritos de los originales van desde aproximadamente el año 150 d.C. al cuarto o quinto siglo. Los eruditos tradujeron estos documentos para que los podamos leer. Estos escritos, junto con otras selecciones de los judíos e incluso de fuentes japonesas, se encuentran en la Biblia gnóstica.

Se imponen unos breves antecedentes: Los gnósticos eran un grupo de pensadores que fueron muy influenciados por Platón. Diferían entre sí acerca de muchos asuntos, dificultando la posibilidad de resumir en unas pocas oraciones en qué creían exactamente. Es suficiente decir que algunos de ellos negaban la idea de Dios convertido en carne, porque el tema era considerado como maligno y por lo tanto, Dios no podría haberse convertido en hombre. Especulaban acerca del origen del mal y su relación con la creación. El hombre debe encontrar su propio camino para la salvación, sostenían, y su problema no es el pecado, sino en cambio *la necesidad del conocimiento propio.*

Algunos gnósticos aceptaban claramente que una deidad era tanto femenina como masculina. Casi universalmente negaban la resurrección física de Jesús; algunos incluso enseñaban que Jesús no murió en la cruz, sino que un sustituto murió por Él. Si bien disentían respecto de cómo se lograba la salvación, estaban de acuerdo con que la redención está dentro de nuestro poder, y que se la puede lograr encontrando al divino directamente sin la mediación de Cristo o de la iglesia.

Como podríamos esperar, las enseñanzas de los gnósticos han sido conocidas y estudiadas desde los primeros tiempos. De hecho, Ireneo (130-200 d.C.) escribió el libro *Against Heresies* [Contra herejías], en el que expuso las enseñanzas de los gnósticos y por qué los cristianos los consideraban herejes. Entonces, en un sentido, estos documentos actuales proporcionan muy poco que sea nuevo. Lo que es nuevo es la fascinación popular con estos escritos debido al clima religioso de los Estados Unidos. Citando a Marcus Borg, autor de *The Heart of Christianity* [El corazón del cristianismo], "Hay mucho interés en la temprana diversidad cristiana porque muchas personas que han abandonado la iglesia, y algunos que todavía están en ella, están buscando otra forma de ser cristianos".[5]

UNA EVALUACIÓN DE *LA BIBLIA GNÓSTICA*

Acompáñeme en una gira por la Biblia gnóstica. Como hemos aprendido, algunos de los escritos llevan nombres que nos son familiares: El Evangelio de Pedro, el Evangelio de María, el Evangelio de Felipe y el Evangelio de Tomás. Así que lo que sea que fueran estos "Evangelios", no cabe duda de que los autores intentaron dar la impresión distintiva de que se basan en fuentes cristianas.

¿Pero cuán creíbles son?

Autoría espuria

Para comenzar, ni siquiera los eruditos liberales más radicales creen seriamente en que el Evangelio de Tomás fue escrito por el Tomás del Nuevo Testamento o que el Evangelio de Felipe fue escrito por el Felipe del Nuevo Testamento. Lo mismo puede decirse de otros Evangelios gnósticos que llevan los nombres de los primeros apóstoles. Como veremos, la fecha de los documentos y las ubicaciones en las que se escribieron demuestran que simplemente fueron atribuidos a apóstoles para darles credibilidad y la impresión de que son una versión temprana del cristianismo.

La primera iglesia rechazó de plano todo libro escrito bajo un pseudónimo; es decir, alguien que usara el nombre de un apóstol para obtener credibilidad. El apóstol Pablo ya era conciente de tales escritos en su época y escribió: "os rogamos, hermanos, que no os dejéis mover fácilmente de vuestro modo de pensar, ni os conturbéis, ni por espíritu, ni por palabra, ni por carta como si fuera nuestra, en el sentido de que el día del Señor está cerca" (2 Ts. 2:1-2). Incluso en esa época, los herejes ya estaban escribiendo cartas firmadas con el nombre de Pablo. Tales engaños son inconsistentes con la inspiración divina acreditada a los documentos del Nuevo Testamento.

Una de las razones por las que algunos rechazaron el libro de 2 Pedro en los primeros siglos es que había dudas en cuanto a que Pedro fuera de hecho el autor. Finalmente la iglesia decidió acerca de la autenticidad de la epístola, pero no se hubiera aceptado ningún libro dentro del *canon* sagrado si se hubiera sabido que su autoría era espuria. Estaríamos de acuerdo, creo, en que cualquier autor que atribuye sus escritos a alguien más famoso para lograr aceptación es sospechoso. No concuerdo con John Dominic Crossan de la Universidad DePaul, que en un programa especial reciente de la televisión dijo que esto era simplemente un procedimiento aceptado para llegar a una audiencia más amplia, implicando que no era poco ético usar un seudónimo bien conocido.[6] Eso podría ser aceptable para los gnósticos, pero si la Biblia es la Palabra de Dios, como muchos de nosotros estamos convencidos de que es, tal Escritura inspirada apenas puede aprobar el engaño, aunque fuera de práctica común.

En el Antiguo Testamento leemos: "Las palabras de Jehová son palabras *limpias;* como plata refinada en horno de tierra" (Sal. 12:6, cursivas añadidas). Y Pablo escribió en el Nuevo Testamento: "Por lo cual también nosotros damos sin cesar gracias a Dios, de que cuando recibisteis la palabra de Dios que oísteis de nosotros, la recibisteis no como palabra de hombres, sino según es en verdad, la palabra de Dios, la cual actúa en vosotros los creyentes" (1 Ts. 2:13). Que esta Palabra de Dios utilizara el engaño es algo impensable.

Las fechas tardías de los libros

Estos escritos gnósticos no son relatos de testigos oculares de los eventos del Nuevo Testamento. Incluso los eruditos que quieren darle credibilidad a estos documentos dicen que la fecha más temprana es de aproximadamente el año 150 d.c., por lo menos cien, o más probablemente, ciento cincuenta años después de la crucifixión de Jesús. Como se mencionó, otros escritos se atribuyeron al siglo cuarto, quinto o hasta el sexto, muchos cientos de años después de la época de Jesús.

Cada libro de la Biblia gnóstica incluye una breve introducción de un erudito contemporáneo. Si bien se nos dice que el Evangelio de Tomás podría haber sido escrito en el siglo uno (otros estudiosos creen que es muy posterior), nos enteramos de que el Evangelio de Felipe probablemente "fue escrito en el siglo tres y posiblemente en Siria".[7] Se dice que el Evangelio de María probablemente haya sido compuesto en el siglo dos.[8] El tema es este: Algunos de estos Evangelios se escribieron siglos después de la crucifixión de Jesús. Contrastan con estos los Evangelios canónicos, escritos por testigos oculares y finalizados antes del año 70 d.c. (Aunque el Evangelio de Juan ha sido del año 95 d.c.)

Si pudiera optar, ¿en qué descripciones de Abraham Lincoln creería: Las de sus contemporáneos o las de las personas que especularon ciento cincuenta años después de su muerte acerca de su vida privada o de su filosofía política, especialmente si esos especuladores estaban resueltos a colocar sus propias teorías políticas en boca de Lincoln?

El contenido de los libros

Si leyó los Evangelios gnósticos, no se impresionará por su similitud con el Nuevo Testamento, pero sí por sus notables diferencias. Estos Evangelios no son históricos, incluso son *anti*históricos; contienen poca narrativa y no tienen sentido de la cronología. No demuestran interés alguno en

24

la investigación, la geografía o los contextos históricos. Estos documentos no tienen la pretensión seria de superponerse a los Evangelios canónicos. Contienen algunas alusiones a y citas de Jesús, junto con muchos dichos tontos que le son atribuidos.

Con el objetivo de sentir el sabor de algunos de estos libros, considere estos dichos de Jesús que se encuentran en el más famoso de los Evangelios gnósticos, el Evangelio de Tomás:

> Jesús [Yeshua] dijo: "Bendiciones sobre un león si un humano lo come, convirtiendo en humano al león. Malo es el humano si un león lo come, haciendo al león humano".

> Jesús [Yeshua] les dijo a ellos: "Cuando convierten el dos en uno, y cuando hacen que el interior sea como el exterior y el exterior como el interior, y el de más arriba como el de más abajo, y cuando hacen el masculino y el femenino en uno solo, para que el masculino no sea el masculino ni el femenino, femenino, cuando convierten los ojos en lugar de un (?) ojo, una mano en lugar de una mano, un pie en lugar de un pie, una imagen en lugar de una imagen, entonces ingresarán al Dominio del Padre".

> Jesús [Yeshua] dijo, "Quien sea que ha llegado a conocer el mundo ha descubierto un cadáver, y quien haya descubierto un cadáver, de esa persona el mundo no es digno".[9]

Suena como Jesús, ¿no es cierto?

Estos Evangelios gnósticos contienen ideas especulativas, la mayoría de las cuales han sido construidas independientemente de la venida de Jesucristo. Muchos de los dichos del Evangelio de Tomás, por ejemplo, los podría haber dicho cualquier líder religioso o supuesto profeta. Pero los gnósticos buscaron unir sus enseñanzas a Jesús y a los apóstoles para darles legitimidad a sus especulaciones. Por lo tanto, tomaron prestados algunos dichos de Jesús pero ignoraron en mucho su obra de redención. Las ideas, y no los hechos, fue lo que importaron.

Simplemente no es cierto, como algunos han dicho, que el gnosticismo represente el auténtico primer movimiento cristiano, que luego fue secuestrado por los primeros líderes de la iglesia, como Constantino, que insistieron en su propia versión del cristianismo por motivos políticos. La idea de que Jesús tenía la intención de que María Magdalena fuera la cabeza de la iglesia y que el femenino divino fuera adorado, pero que sus intenciones fueron suprimidas por oficialistas de la iglesia hambrientos de poder, amantes de la doctrina y que odiaban el sexo es contradicha por docenas de documentos tempranos verificables como se demostrará más adelante en este libro.

Lejos de ser la versión auténtica del cristianismo, el gnosticismo fue un parásito que intentó atar sus ideas platónicas al movimiento cristiano novato, pero popular. Tenemos todas las razones para creer que la primera iglesia estaba en lo cierto al insistir que el gnosticismo era una corrupción de la verdad original y no una fuente independiente, legítima de información acerca de Jesús y de la fe cristiana. La noción contemporánea de que los gnósticos fueron los tempranos desvalidos del cristianismo pero que fueron apropiados por una iglesia hambrienta de poder simplemente no es verdad.

En el capítulo 6, analizaremos con mayor detalle cómo el gnosticismo no puede reconciliarse con el cristianismo histórico, sino que en cambio representa un abordaje totalmente diferente a la búsqueda religiosa. Aquí es suficiente con advertir que los documentos del Nuevo Testamento no acentúan simplemente lo que Jesús enseñó, sino con mayor seguridad lo que Jesús *hizo*. Él no vino solo a enseñar, sino, lo que es más importante, a morir en la cruz para hacer un sacrificio personal por los pecadores y luego resucitar al tercer día para confirmar sus argumentos. En otras palabras, el cristianismo es una religión histórica, enraizada en determinados hechos verificables. El gnosticismo es una teoría de ideas, de ideas en conflicto, añadiría, que no se basan en eventos de tiempo y espacio.

Dicho sea de paso, no confunda los Evangelios gnósticos con lo que llamamos la apócrifa, los libros que se encuentran en la Biblia católica pero no en las Escrituras protestantes. Estos libros fueron, en su mayor parte, escritos antes de la época de Cristo y obtuvieron credibilidad cuando Jerónimo los incluyó en la Vulgata, la versión latina de las Escrituras. No tenemos ni el tiempo ni el espacio para discutir si son Escrituras inspiradas, solo para señalar que no están relacionadas con los escritos gnósticos.

VERSIONES DE LA HISTORIA

Podríamos dedicar más tiempo a estudiar los Evangelios gnósticos, y los volveremos a tratar en el próximo capítulo. Por ahora, debemos preguntar: ¿Por qué hay un deseo creciente de aceptar estos escritos? Vivimos en una Era Posmoderna en la que algunos historiadores dicen que la historia ya no debería ser la búsqueda para encontrar hechos objetivos y luego interpretarlos de la mejor manera posible. La historia, dicen, debe ser revisada para aumentar la estima propia y para alentar los intereses políticos correctos.

Dada esta mentalidad, la historia puede amoldarse a cualquier forma que uno quiera para lograr objetivos deseables. Los registros del pasado deben ser cambiados para mantenerse al tono de las épocas. Por eso es que un escritor posmoderno dijo que debemos hacer que la sociedad reacciones ante la "historia imaginada del pasado".[10] En otras palabras, el intento por descubrir hechos debe abandonarse a favor de la historia que tiene un valor psicológico.

En *El Código Da Vinci*, el experto en el Grial, Sir Leigh Teabing dijo que: "La historia siempre ha sido escrita por los ganadores. Cuando dos culturas chocan, se suprime al perdedor, y el ganador escribe los libros de la historia, libros que glorifican su propia causa y que desacreditan al enemigo conquistado. Como dijo una vez Napoleón: '¿Qué es la historia, sino una fábula con consenso?'"[11] Si Napoleón tiene razón, entonces por supuesto se deduce que la investigación histórica es tanto innecesaria como contraproducente. Todo lo que tenemos que hacer es encontrar una fábula con la que estemos de acuerdo y apegarnos a ella.

Este apuro por aceptar los Evangelios gnósticos no se basa en una investigación histórica seria, sino en un previo compromiso con el feminismo y con el deseo de tener a un Jesús que se parezca más a nosotros. Y por supuesto, la idea de que se logra un encuentro divino a través del éxtasis sexual encaja bien en nuestra Era Moderna de obsesión sexual. Es una fábula que algunos han elegido abrazar.

El notable erudito del Nuevo Testamento, Raymond Brown (sin ninguna relación con Dan Brown) dijo que a partir de estos Evangelios "No aprendemos ni un solo hecho nuevo verificable acerca del ministerio histórico de Jesús, y solo unos pocos dichos que posiblemente hayan sido suyos".[12]

El escritor católico Andrew Greeley dijo esto acerca de *El Código Da Vinci*: "Todo este rico material, garantiza que uno pase las páginas hasta terminar con la historia. Aún así, el lector debe preguntarse cuánto de esto es fantasía. La respuesta, diría yo, es que prácticamente todo es fantasía. Cada un par de años sale un libro a la luz que promete decirle quién fue realmente Jesús o cómo es que la iglesia ha escondido al Jesús "verdadero" durante diecinueve siglos. De algún modo no toleran un examen histórico serio".[13]

CONOZCA A UN HISTORIADOR

Cuando abrimos nuestro Nuevo Testamento, nos golpean sus *faltas* de similitudes con los Evangelios gnósticos; bastante literariamente la diferencia es como la luz y la oscuridad. Por ejemplo, el autor Lucas nos dio la metodología utilizada al realizar su obra histórica. Él hizo un mapa de lo que los historiadores solían hacer cuando los hechos importaban. Al leer la Biblia descubrirá que la Palabra de Dios descendió a nosotros de formas diferentes. A veces Dios les habló directamente a los profetas, revelando cosas que no podían conocerse de otro modo. A veces Dios escribió Él mismo las palabras, como en los Diez Mandamientos. Sin embargo, Dios también utilizó medios naturales, como en el caso de Lucas, cuyo libro fue escrito después de una dolorosa investigación.

En el primer párrafo Lucas explicó cómo escribió su libro:

> *Puesto que ya muchos han tratado de poner en orden la historia de las cosas que entre nosotros han sido ciertísimas, tal como nos lo enseñaron los que desde el principio lo vieron con sus ojos, y fueron ministros de la palabra, me ha parecido también a mí, después de haber investigado con diligencia todas las cosas desde su origen, escribírtelas por orden, oh excelentísimo Teófilo, para que conozcan bien la verdad de las cosas en las cuales has sido instruido (Lc. 1:1-4).*

Lucas condujo una *investigación diligente*. Es como si

dijera: "Estoy escribiendo la más grande historia del mundo y merece la mejor investigación que pueda darle". Si bien otros han escrito acerca de Cristo y de Lucas no desacredita sus relatos, de hecho, él tal vez se benefició con sus investigaciones, él resolvió escribir con gran cuidado y atención al detalle.

¿Cómo llevó a cabo su investigación? Primero, él mencionó fuentes y documentos existentes que utilizó. Pero quería escribir su propio relato acerca de Jesús, puesto que cada gran vida merece más que una biografía. Se refirió a testigos oculares que estaban disponibles para verificar los detalles. Lucas era médico, entonces suena razonable que haya hablado directamente con Isabel y con la Virgen María acerca del nacimiento de sus hijos. Probablemente haya hablado con Zacarías y José.

Además, Lucas era el intérprete de Pedro, así que podía formularle preguntas al apóstol para fines de clarificación y verificación. Puesto que dice que hubo otros testigos oculares que estaban "desde el principio", se encontraba en una posición como para investigar toda la historia.

Cuando dijo que verificó todos los hechos con diligencia (del griego akribos), quiso decir que tuvo ante sí la exactitud de la tarea. El buen historiador no aborda su historia con una mente resuelta; no comienza determinado a que la historia resulte de acuerdo a su gusto. Él sigue los hechos a dónde sea que conduzcan.

Luego, *Lucas organizó su material de acuerdo a ciertas características.* Dijo que quería escribir "un relato por orden" de los eventos. Su organización no siempre fue cronológica; a veces organizaba su material de acuerdo a diversos temas. A veces agrupaba eventos para que el material fuera más comprensible. Siguió la cronología de una manera general, poniendo junto lo que debía estar junto para que su amigo,

Teófilo, pudiera comprenderlo mejor. Lo más importante es que hay rima y razón en su relato; hay una progresión lógica. Finalmente, escribió *de modo que un lector pudiera tomar una decisión inteligente basándose en el material*. No sabemos mucho acerca de Teófilo, (el nombre quiere decir "amante de Dios), pero evidentemente era bastante importante, ya que Lucas se refiere a él como el "excelentísimo Teófilo". Le agradecemos a Lucas por haberle escrito a él, y de hecho, a todos nosotros acerca de la maravillosa historia de Cristo. A su amigo le escribió con la intención de que "conozcas la verdad de las cosas en las cuales has sido instruido". Escribió abiertamente; sabía que lo que su amigo necesitaba era una *certeza* (la palabra griega *asphaleia*). Literalmente, la palabra griega significa que "uno puede estar de pie en un lugar firme" y no divagar en estos asuntos de increíble importancia. Escribió para aclarar las preguntas que tenía Teófilo, puesto que a estas alturas el hombre tal vez no había sido aún un Cristo.

¿Pudo Lucas ser un historiador imparcial? Por supuesto. ¿Tenía profundas convicciones acerca de lo que escribió? Sí. ¿Eso lo descalifica? No más que a un sobreviviente del Holocausto que es descalificado porque escribe con convicción y con el deseo de informar a las personas acerca de asuntos importantes.

Entonces, como historiador, ¿cuán preciso fue Lucas? Él también escribió el libro de Hechos, que está lleno de detalles históricos: Ciudades, ríos, montañas, mares y cosas sin importancia geográfica. Sir William Ramsey, un notorio historiador y arqueólogo del siglo XIX, se dispuso demostrar que la historia de Lucas estaba plagada de errores. Pero luego de una vida de arduo estudio y trabajo, escribió: "La historia de Lucas es incomparable en credibilidad".[14] Esa evaluación también la confirman los arqueólogos modernos.

LA OPCIÓN QUE ENFRENTAMOS

¿Por qué alguien aceptaría los Evangelios gnósticos en lugar de los relatos verificables de las Escrituras canónicas? La respuesta solo puede encontrarse en el espíritu de las épocas: El deseo de la diversidad de doctrinas, la presión del feminismo y la gran insistencia de que podemos tener nuestra experiencia propia directa con Dios sin la mediación de Cristo. Solo este deseo a ser "más tendencioso que tú" puede explicar el apuro insensato para abrazar las enseñanzas dudosas de la Biblia gnóstica.

Si la historicidad del Nuevo Testamento no fuera mejor que la de los Evangelios gnósticos, todo intento por defender la fe cristiana se hubiera derrumbado hace mucho tiempo. La revista *Time* está en lo cierto cuando dice: "Los textos recuperados también alimentan el apetito cada vez más agudo de Estados Unidos por la espiritualidad mística".[15] Las personas están buscando una relación con Dios que no se ate a la doctrina o a una religión formal. Están buscando cristianismos alternativos que combinen una representación de Jesús con discernimientos esotéricos y lo mejor de otras religiones.

Elaine Pagels, quien escribió un libro resumiendo las enseñanzas de los Evangelios gnósticos, admite que estos escritos son atractivos para el buscador espiritual porque "en ellos hay ecos de budismo y de Freud con una mayor apreciación por los papeles que cumplen las mujeres"[16] A través de estos documentos ellas sostienen haber encontrado un "cristianismo menos inclinado a creencias rígidas como el nacimiento virginal o incluso la divinidad de Cristo y que aceptan más la salvación a través de la experiencia espiritual constante".[17]

El Jesús de *El Código Da Vinci* no es un Salvador; ha sido relegado al papel de un hombre, tal vez un hombre notable, pero un hombre al fin. De acuerdo a los gnósticos, Él es una emanación de Dios entre muchos otros. Pero en el Nuevo Testamento nos enfrentamos con un retrato totalmente diferente de un hombre divino que está calificado para actuar como puente en la brecha entre Dios y nosotros. En el capítulo 6 regresaremos al gnosticismo para demostrar por qué no puede ser clasificado como una forma diferente de ser cristiano. El Jesús gnóstico y el Jesús del Nuevo Testamento son radicalmente diferentes. Y nuestro destino eterno depende de una adecuada distinción.

"Entrad por la puerta estrecha; porque ancha es la puerta, y espacioso el camino que lleva a la perdición, y muchos son los que entran por ella; porque estrecha es la puerta, y angosto el camino que lleva a la vida, y pocos son los que la hallan". (Mt. 7:13-14)

TRES

JESÚS, MARÍA MAGDALENA Y LA BÚSQUEDA DEL SANTO GRIAL

El *Código Da Vinci* se llama así porque sostiene que Leonardo Da Vinci era un miembro del *Priorato de Sión*. El Priorato era una banda pequeña de conspiradores que conocían la verdad acerca del matrimonio de Jesús y María Magdalena, pero debido a la oposición de la iglesia, este explosivo secreto tenía que ser oculto. Para escapar a la ira del Vaticano, los miembros del Priorato encriptaban sus atesorados conocimientos en pinturas, escritos y obras de arquitectura de tal modo que solo los ilustrados podían descifrar sus significados. Por supuesto, en la novela la ponderosa organización católica *Opus Dei* está dispuesta a destruir al Priorato en un esfuerzo por ocultar los hechos que destruirían el cristianismo tal como lo conocemos.

Y entonces en las pinturas de Da Vinci, el argumento dice que encontramos mensajes ocultos. De hecho, codificados en sus pinturas está la prueba de que Da Vinci sabía que Jesús se había casado con María Magdalena y que ella, y no una copa, era el Santo Grial. En la novela leemos que: "El matrimonio de Jesús y María Magdalena es parte de este registro histórico".[1]

35

¿Pero lo es?

En este capítulo responderemos esa pregunta durante una serie de otras: ¿Leonardo pintó a María Magdalena en lugar de Juan en su obra maestra, *La Última Cena*? ¿Es María misma el Santo Grial? ¿Y qué sucede con la evidencia histórica que une a los dos en una relación especial? Y finalmente, ¿hubiera sido posible que Jesús estuviera casado?

LEONARDO, *LA ÚLTIMA CENA,* Y MARÍA

Leonardo fue un hijo ilegítimo que, de acuerdo al diario de su abuelo, nació un sábado 15 de abril de 1452, en Vinci, una aldea a unos treinta kilómetros al oeste de Florencia (de ahí que "Da Vinci" no es su apellido, sino una referencia a la aldea en donde nació). Este muchacho precoz fue llevado a Florencia donde se convirtió en aprendiz de uno de los maestros pintores. Leonardo se sintió motivado a trabajar desde el alba hasta el anochecer aprendiendo su oficio. No debe sorprendernos que estuviera convencido que pintar era su vocación humana más elevada, y que él creía que uno debía pintar "todo lo que pueden ver los ojos". Además, dedicaba su tiempo libre a diseñar taladros, montacargas y equipos militares. No estaba interesado en la religión, salvo como vehículo para sus expresiones artísticas.

Puesto que no pensaba que Lorenzo de Medici de Florencia lo apreciaba lo suficiente, Da Vinci apeló a Ludovico, el duque de Milán, preguntándole si sus servicios no podrían beneficiarlo. Fue allí donde pasó veinte años de su vida. En 1495, Ludovico le encargó a Leonardo que hiciera una pintura de la Última Cena para el refectorio de un monasterio dominicano en la ciudad de Santa María delle Grazie de modo que los frailes tuvieran algo agradable para ver mientras comían.

En la novela, se nos dice que Leonardo, que conocía el

secreto, en realidad pintó a María Magdalena, no a Juan, a la diestra de Jesús en su retrato de la Última Cena. Lo que es más, no hay copa en la mesa, porque Leonardo quería que las personas entendieran que María era la copa, el Santo Grial. En la novela, Robert Langdon, uno de los principales personajes, dice que la presencia de María en la pintura representa "el femenino sagrado y la diosa, que por supuesto ahora había sido virtualmente eliminada de la iglesia".[2]

En su libro *Humanists and Reformers: A History of the Renaissance and Reformation* [Humanistas y reformadores: Una historia del Renacimiento y la Reforma], Bard Thompson dijo que la pintura de Da Vinci es una obra de discernimiento psicológico, porque él no estaba interesado en doctrinas, tales como el sacramento. En cambio, Leonardo estaba interesado en el impacto de la traición de Judas. Al observar la pintura podemos ver la expresión de asombro en el rostro de los discípulos luego de que Jesús anunciara, que uno de ellos lo traicionaría. Judas es el único al que no hay que decírselo; él se repliega en la oscuridad, comiendo nerviosamente.[3]

Si ha pasado un tiempo desde que ha visto una reproducción de *La Última Cena,* encuentre una copia y estará de acuerdo con que Juan, sentado a la derecha de Jesús no se ve afeminado. Pero Bruce Boucer del Instituto de Arte de Chicago discute la interpretación de Dan Brown y la denomina "bastante atrevida... Los puntos de composición de Leonardo, de hecho, en otra dirección confirman las descripciones tradicionales florentinas de la Última Cena, acentuando la traición y el sacrificio y no la institución de la eucaristía y del cáliz".[4] Agregó que esta descripción de Juan era coherente con otros retratos de él en Florencia. Tal vez podríamos agregar que la figura no tiene ninguna silueta de senos. Jack Wasserman, profesor de historia retirado de la

ERWIN W. LUTZER

Temple University, dijo simplemente: "Casi todo dice [Dan Brown] que Leonardo se equivoca".[5]

Pero esto nos conduce a explorar la cuestión. ¿Qué fue la búsqueda del Santo Grial y cuál es la evidencia de que María Magdalena es el cáliz, la copa que contiene la sangre de Cristo?

LA BÚSQUEDA DEL SANTO GRIAL

Nadie sabe qué sucedió con la copa de la cual Jesús bebió la noche en que instituyó la Última Cena. La leyenda dice que se le dio a José de Arimatea, pero no podemos estar seguros. Lo que sí sabemos es que en el siglo XII, circularon historias acerca de la copa, que se consideraba el Santo Grial y que se creía que tenía un poder mágico.

Estas leyendas están basadas realmente en supersticiones celtas acerca del recipiente como símbolo de transformación y renovación espiritual. De hecho, muchas de estas leyendas pueden encontrarse en la mitología griega antes de la época de Cristo. Se pensaba que ciertas copas o calderas contenían conocimientos ocultos y beneficio espiritual para el que las poseía. Así, se convirtieron en algo relacionado con la adivinación y diversas prácticas ocultas.

Estas leyendas se incorporaron a las historias del rey Arturo y los Caballeros de la Mesa Redonda. Un relato dice que el Grial apareció en realidad, hechizando a todos los que estaban presentes. El rey Arturo juró que él lo encontraría con la ayuda de sus caballeros. Lancelot era el más valiente, pero lamentablemente amaba a la esposa del rey Arturo. Debido a su pecado, solo tuvo algunas visiones del Grial. Ya que solo se le aparecería a los que eran muy puros, lo eludió a él y a todos los demás que lo buscaron. Históricamente, muchas copas se han tomado como el recipiente sagrado.

Durante muchos siglos, se creyó que el Grial era un

objeto, especialmente la copa o cáliz usado en la Última Cena. Pero aproximadamente en el siglo XV se desarrolló la idea de que el Grial no es un objeto, sino un árbol familiar. Específicamente, en *El Código Da Vinci*, se dice que el Grial es la *Sang Real,* la línea de sangre real de Jesús. Al parecer, María Magdalena continuó la línea de sangre de Jesús al llevar a su hija en el vientre. Uno de los descendientes de Jesús creó la línea merovingia de la realeza francesa. La novela termina con el principal protagonista en la pirámide del Louvre en París, orando en lo que podría ser la tumba de María. Uno de los renglones finales dice: "La búsqueda del Santo Grial es la búsqueda para arrodillarse ante los huesos de María Magdalena. Un viaje a orar a los pies de la descastada".[6] Esto hubiera sorprendido a los caballeros que buscaban el Santo Grial, que creían que era un cáliz.

¿Pero hay evidencia razonable de que María podía haber estado casada con Jesús? Se la menciona en pasajes de los Evangelios gnósticos que fueron presentados en el capítulo anterior. Según sabemos, la Biblia no habla acerca de su relación con Jesús. Ella es la primera testigo de la resurrección y fue conocida por algunos de la iglesia como "la apóstol de los apóstoles".

Entonces, ¿quién era María Magdalena? Descubramos lo que dice el Nuevo Testamento acerca de ella, y luego consideraremos las referencias a ella en los Evangelios gnósticos.

MARÍA MAGDALENA Y EL NUEVO TESTAMENTO

El autor del Nuevo Testamento, Lucas, nos introduce a un grupo de mujeres que siguieron a Jesús y a los discípulos, ayudando a mantenerlos financieramente. Algunas de estas mujeres "habían sido sanadas de espíritus malos y de enfermedades; María, que se llamaba Magdalena, de la que

habían salido siete demonios, Juana, mujer de Chuza inten-
dente de Herodes, y Susana, y otras muchas que le servían
de sus bienes" (Lc. 8:2-3).

Deberíamos hacer una pausa lo suficientemente larga
para reflejar lo que este pasaje muestra de que Jesús rompió
con la tradición al permitir que las mujeres viajaran con
Él y ayudaran a financiar su ministerio. Los rabinos de la
época no hubieran tolerado tal apertura hacia las mujeres
ni el honor que estaba relacionado con esa asociación. A las
mujeres habitualmente se las identificaba con sus esposos,
pero María es llamada Magdalena; ella es identificada por
el lugar de dónde provenía (Magdala estaba ubicado en las
orillas oeste de Galilea). Posiblemente no estuviera casada.

El capítulo previo en Lucas incluye una historia de
una prostituta sin nombre que vino a Jesús, y algunos han
especulado con que ella era María Magdalena. En el año 591
d.C. el Papa Gregorio el Grande dio un sermón de Pascua
en el que declara que la prostituta de Lucas 7 era María
Magdalena, quien es mencionada en Lucas 8. Pero realmente no hay motivos para realizar esa conexión.

Tal vez la identificación especulativa del Papa Gregorio
tenía la intención de reprimir todas las leyendas acerca
del papel de María en la primera iglesia. Pero es exagerado
suponer que ella fue mencionada como prostituta con el
fin de suprimir su supuesta rivalidad con el apóstol Pedro.
El argumento de *El Código Da Vinci* es que Jesús tenía la
intención de que la iglesia se construyera sobre María, pero
que en los documentos de la primera iglesia la declaraban
una prostituta con el objeto de hacerla ver inapropiada para
tan alto cargo. De todos modos, en 1969 el Vaticano corrigió
adecuadamente siglos de malas interpretaciones y reconoció
que no había razones para creer que María era una prostituta
arrepentida.

JESÚS, MARÍA MAGDALENA Y LA BÚSQUEDA DEL SANTO GRIAL

A veces María Magdalena también ha sido erróneamente identificada como María de Betania, hermana de Marta y Lázaro. Pero no cabe duda de que se la llama María *Magdalena* con el expreso propósito de distinguirla de las otras Marías de los Evangelios. De esto podemos estar seguros: Ella tuvo una maravillosa historia de conversión y fue la primera testigo de la resurrección del Señor que amaba.

El ministerio de María con Jesús la puso en contacto con Salomé, la madre de Santiago y Juan, y también con María, la madre de nuestro Señor (Jn. 19:25). Estas mujeres valientes estaban a los pies de la cruz cuando Jesús murió. María Magdalena estuvo observando hasta que bajaron el cuerpo y lo envolvieron en lienzos y lo ubicaron en el sepulcro de José de Arimatea (Mt. 27:61; Mr. 15:47; Lc. 23:55).

Luego, el primer día de la semana, ella y las otras mujeres "compraron especias aromáticas para ir a ungirle" (Mr. 16:1). Cuando llegaron, encontraron el sepulcro vacío y vieron al ángel que les dijo que Jesús había sido resucitado de los muertos. María fue a contarles a Pedro y a Juan y regresó con ellos a la tumba. Aunque estaba vacía, no pudieron encontrar a Jesús, así que María se quedó allí aún cuando los dos hombres se fueron.

Mirando dentro de la tumba, vio a dos ángeles que le preguntaron por qué estaba llorando. Ella respondió: "Porque se han llevado a mi Señor, y no sé dónde le han puesto" (Jn. 20:13).

Escudriñó dentro del oscuro sepulcro lo suficiente como para quedar satisfecha de que estaba vacío. Uno debe imaginarse que estaba contemplando qué hacer a continuación. Lentamente dio un paso atrás y se enderezó, adaptándose sus ojos a la luz que la rodeaba.

Cuando había dicho esto, se volvió, y vio a Jesús que estaba allí, mas no sabía que era Jesús.

41

Jesús le dijo: Mujer, ¿por qué lloras? ¿A quién buscas? Ella, pensando que era el hortelano, le dijo: Señor, si tú lo has llevado, dime dónde lo has puesto, y yo lo llevaré. Jesús le dijo: ¡María!

Volviéndose ella, le dijo: ¡Rabboni! (que quiere decir Maestro).

Jesús le dijo: No me toques, porque aún no he subido a mi Padre; mas ve a mis hermanos, y diles: Subo a mi Padre y a vuestro Padre, a mi Dios y a vuestro Dios (Jn. 20:14-17).

María Magdalena quería aferrarse a los pies de Jesús como un niño que teme la partida de su padre. Ahora que lo había encontrado, no quería perderlo.

Pero por el momento, Jesús le dijo: "No me toques".

Jesús en efecto le estaba diciendo a María: "Me volverás a ver, puesto que no he ascendido a mi Padre todavía. No creas que vas a perderme, porque estaré con ustedes durante los próximos cuarenta días. No hay necesidad de entrar en pánico". Sí, era el mismo Jesús, pero la naturaleza de la relación había cambiado.

En defensa de *El Código Da Vinci* algunos sostienen que en esos días existían tabúes acerca de una mujer que tocara a un hombre, así que este relato implica que ella y Jesús estaban casados. Pero indudablemente este fue un acto espontáneo de devoción. Lo más seguro es que a Jesús se lo podía tocar, puesto que más tarde cuando las mujeres abandonaron el sepulcro, Él las encontró y leemos: "Y ellas, acercándose, abrazaron sus pies, y le adoraron" (Mt. 28:9). Evidentemente, María no fue la única mujer a la que se le permitió tocar a Jesús. Nuestro Salvador no estaba restringido por las costumbres culturales que obstaculizarían que una mujer tocara apropiadamente a un hombre.

JESÚS, MARÍA MAGDALENA Y LA BÚSQUEDA DEL SANTO GRIAL

Sin duda María tenía un profundo amor por Jesús, pero no hay pistas de romance entre ellos. Ella de hecho fue una mujer honrada y privilegiada para haber atraído la amorosa misericordia del Salvador. Y podemos estar contentos de que todo lo que llega a Jesús es aceptado del mismo modo. Luego de la historia de la resurrección, María pasa de las páginas del Nuevo Testamento solo para resurgir siglos más tarde en la mitología de las enseñanzas ocultas y los intereses de la Nueva Era.

Estoy de acuerdo con que históricamente a la iglesia se la puede acusar por no darles a las mujeres su justo lugar en el ministerio cristiano. Sin embargo, debemos rechazar los argumentos de *El Código Da Vinci* de que "Jesús fue el feminista original" debido al significado de esa frase en nuestra sociedad actual. Jesús *sí* rechazó esos tabúes culturales que colocan a la mujer en un lugar de falta de respeto como ciudadanas de segunda clase del reino. Las mujeres en las Escrituras son iguales a los hombres, si bien sus papeles son diferentes.

No es necesario decir que este no es el lugar para entrar en debates actuales acerca del lugar de las mujeres en la iglesia, salvo para enfatizar que Jesús rompió el molde, elevando a las mujeres a un lugar de respeto e influencia. El hecho de que Él hablara con la mujer inmoral mientras estaban solos en el pozo de Jacobo y que mujeres tales como María Magdalena fueran invitadas a viajar con Él demuestra que Él estaba dispuesto a descartar los tabúes y a invitar a las mujeres a su esfera de influencia.

MARÍA MAGDALENA Y LOS EVANGELIOS GNÓSTICOS

En *El Código Da Vinci* se nos dice que al ocultar la verdad acerca del matrimonio de Jesús con María, la iglesia ha participado en el "mayor ocultamiento de la historia humana".

ERWIN W. LUTZER

La evidencia de su matrimonio se encuentra supuestamente en los Evangelios gnósticos. Ya hemos aprendido que estos Evangelios tienen mal puesto el nombre, puesto que en realidad no son "Evangelios". Sin embargo, debemos considerar lo que tienen para decir acerca de Jesús y María Magdalena.

En primer lugar, el Evangelio de Felipe dice:

La acompañante es María de Magdala. Jesús la amaba más que a sus alumnos. Él la besaba con frecuencia en el rostro, más que a todos sus alumnos y ellos decían: ¿Por qué la amas más que a nosotros? El Salvador contestó, diciéndoles: ¿Por qué no los amo a ustedes como a ella? Si un hombre ciego y uno que ve están juntos en la oscuridad, son lo mismo. Cuando llega la luz, el que ve, ve la luz. El hombre ciego permanece en la oscuridad.[7]

Es importante que sepa que debido a la mala calidad del papiro, faltan una o dos palabras del original. El texto dice: Jesús la besaba con frecuencia en el [faltante]. Entonces los eruditos llenan el espacio en blanco con la palabra *boca, rostro, frente,* etcétera. En realidad, por lo que sabemos el texto podría haber dicho "la mano" o incluso "la mejilla" ya que dice que también besaba a sus otros alumnos, presumiblemente en la mejilla como se hacía (¿o todavía se hace?) en Medio Oriente.

El relato, incluso si es cierto, no dice nada acerca del matrimonio. Pero *El Código Da Vinci* sostiene: "Como cualquier erudito arameo le dirá, la palabra *acompañante,* en esos días, significaba literalmente *esposa*".[8] Por supuesto, cabe señalar que este relato no nos llegó en arameo, sino en copto. Por otro lado, la palabra *acompañante* en cualquiera de los dos idiomas se usa frecuentemente para referirse a la amistad; de ningún modo significa matrimonio siempre.

¿Es este relato acaso creíble? Antes de responder, debemos recordar que este libro data, según los estudiosos, del siglo III, aproximadamente doscientos años después de la época de Jesús. ¡No es exactamente un relato de un testigo ocular! Lea este Evangelio y descubrirá que es una obra divagante y desarticulada, con cambios abruptos en los temas. Incluye enseñanzas tales como "hay muchos animales que existen en el mundo que tienen forma humana". También dice "El invierno es el mundo, el verano es otro reino. Está mal orar en invierno". Y si quiere más sabiduría, considere esto:

Dios tiñe.

Lo bueno tiñe, la verdad tiñe, disolviéndose en las cosas Teñidos en ellas.

Lo mismo para las cosas Dios ha teñido.

Sus tinturas son imperecederas debido a sus colores Lo que Dios baña, lo baña en agua.[9]

Los gnósticos creían en dos dioses y el dios de la creación era malo. Leemos: "El mundo llegó a ser por medio del error. El agente que lo hizo quiso que fuera imperecedero e inmortal. Fracasó".[10] En el resto del libro, a Jesús se lo presenta como uno entre muchos seres que emanaron de Dios. Estos tipos de textos tienen la clara intención de articular una filosofía pagana, no de decir algo creíble acerca de Jesús. Usted puede escribir lo que quiera si no se preocupa por los hechos.

Recuerde, no tenemos ninguna pista acerca de quién escribió este Evangelio. Lo más seguro es que no fue escrito por el Felipe del Nuevo Testamento, sino por algún pseudoautor que reunió una plétora de ideas gnósticas desarticuladas. Tal vez escribió lo que escribió porque las leyendas acerca de María Magdalena ya estaban circulando en el siglo III. De cualquier modo, este autor desconocido solo podía especular acerca de la relación de Jesús con María. Y, aparentemente, utilizó estas especulaciones para propósitos propios.

En el Evangelio gnóstico de María, a María Magdalena se la describe como teniendo una revelación especial que le dio el Salvador. A solicitud de Pedro, ella les dice a los otros discípulos acerca de una visión que tuvo con Jesús y cómo ella le preguntó si uno ve una visión a través del alma o del espíritu. El Salvador respondió, "Una persona no ve a través del alma ni del espíritu. La mente, que vive entre los dos, ve la visión".

Luego de algunas explicaciones bastante esotéricas acerca del alma, Pedro preguntó: "¿En realidad habló con una mujer en secreto, sin nuestro conocimiento y no abiertamente? ¿Debemos girar y todos escucharla a ella? ¿Él la prefiere a nosotros?" María comenzó a llorar y le aseguró a Pedro que ella no había inventado esto.

A estas alturas, Leví entró en la conversación y dijo: "Pedro, tú siempre estás enojado. Ahora veo que están peleando contra esta mujer como si fuera un adversario. Si el salvador la hizo digna, ¿quién eres tú para rechazarla? Por cierto el Salvador la conoce muy bien. Por eso es que la amó más que a nosotros".[11] Luego los discípulos son advertidos de salir y predicar, cosa que hacen.

Este relato es otro intento de los gnósticos por dar legitimidad a sus doctrinas esotéricas de conocimiento para el círculo interior de los iniciados. Probablemente este relato fue incluido por dos razones: En primer lugar, para enfatizar que las mujeres deben poder predicar, y en segundo lugar, que esas revelaciones privadas de Dios tiene el mismo status que las enseñanzas de los arzobispos. María Magdalena, que figura prominentemente en los Evangelios canónicos como la primera testigo de la resurrección, sería la opción natural para este diálogo.

JESÚS, MARÍA MAGDALENA Y LA BÚSQUEDA DEL SANTO GRIAL

Aún cuando estos relatos de los Evangelios gnósticos fueran precisos, es exagerado decir que María tenía una relación romántica con Jesús y mucho menos que estaba casada con él. En este punto como en muchos otros, *El Código Da Vinci* basa sus conclusiones en datos imaginarios, con la esperanza de que los lectores crédulos les darán credibilidad.

Una gran controversia rodea al Priorato de Sión, que evidentemente fue fundado en 1099. Si bien no sabemos qué leyendas circulaban en esa época, no conocemos documentos de testigos oculares que den evidencia del matrimonio de Jesús con María Magdalena. Y es improbable que el *Opus Dei*, iniciado en 1928, haya tenido algo que ver con aplicar presión al Priorato para mantener una tapa sobre su secreto. Como novela, funciona; como historia, es un castillo de naipes que puede derrumbarse con el más leve aliento de verdad.

MARÍA Y LAS LEYENDAS

The Templar Revelation [La revelación de los templarios] sostiene en detalle que Jesús y María estaban casados, o por lo menos eran compañeros sexuales. Al escribir su libro, los autores hicieron una gira por los templos magdalenos del sur de Francia donde las leyendas acerca de ella surgieron aproximadamente en el siglo IX. El propósito de su libro es el de evaluar este folklore y argumentar en pos de su posibilidad. En el proceso, intentan destruir la enseñanza tradicional acerca de Jesús tal como se encuentra en el Nuevo Testamento.

En sus viajes, los autores descubrieron leyendas acerca de María Magdalena que están ligadas a la diosa pagana Isis y el culto madre—hijo asociado con María, la madre de Jesús. Lo que es más, en todos los lugares en que hay centros magdalenos, también hay templos y mitos acerca de

Juan el Bautista. Los autores sostienen que Juan realmente no se puso bajo la autoridad de Jesús como dice el Nuevo Testamento; en cambio, Jesús fue un discípulo de Juan. ¡Y el sucesor ungido de Juan era en realidad el mago del sexo gnóstico Simón Magnus, a quien se menciona en el libro de Hechos (8:9-25)!

Si todavía no ha oído lo suficiente, tal vez lo sorprenda enterarse de que algunos sostienen que Jesús, Juan el Bautista y María Magdalena tenían "conciencia gnóstica de lo divino", bautizando a personas y así iniciándolos en "la tradición oculta antigua". Los milagros de Simón Magnus, como los de Jesús, fueron una parte intrínseca de esta práctica religiosa". El ritual era central para este movimiento, desde el primer bautismo hasta la ejecución de los misterios egipcios. Pero la iniciación suprema llegaba a través del éxtasis sexual".[12]

Si se está preguntando acerca de las fuentes de los autores, comprenda que las han tomado todas de las leyendas y prácticas ocultas de los tiempos antiguos y que interpretaban los relatos del Nuevo Testamento a la luz de estas mitologías esotéricas. Así, no debería sorprendernos que Jesús mismo resulte ser el hijo de una diosa que la unción por parte de María de Betania (los autores creen que es María Magdalena) era un ritual sexual realizado por una sacerdotisa. "La unción de Jesús era un rito pagano; la mujer que lo realizaba, María de Betania, era una sacerdotisa. Dada esta nueva situación es más que probable que su papel en el círculo interno de Jesús fuera como iniciadora sexual".[13]

¡Todos los cristianos deberían estar pasmados con estas afirmaciones! Pero una vez que se les da a las mitologías el status de historia y se conectan los puntos imaginarios entre eventos aparentemente relacionados, se puede imponer cualquier giro a los registros del pasado. Y luego uno puede continuar diciendo que la razón por la cual la "verdad" real quitada de la Biblia fue que la iglesia siempre ha estado a la cabeza de la represión sexual y la degradación de la mujer. La iglesia hambrienta de poder, amante del dinero siempre se ha mantenido a favor de la supremacía masculina y el control rígido, rechazando así el femenino divino.

¡Cuán increíble que los autores ocultistas deban torcer el Nuevo Testamento para convertirlo en un documento oculto! Los propios escritos que nos llaman a una vida de santidad y pureza se ven presionados para afirmar una agenda pagana inmoral. ¡Imagínese al Jesús que dijo: "Cualquiera que mira a una mujer para codiciarla, ya adulteró con ella en su corazón" (Mt. 5:28) aprobando y evidentemente participando en un ritual sexual oculto!

Tenga presente que los rituales sexuales siempre se practicaron en la religión pagana, ya sea en épocas antiguas o modernas. Pero la noción de que este es el camino a la santidad o que a través de estas relaciones nos conectamos con Dios, este es exactamente el tipo de enseñanzas que Jesús y el Nuevo Testamento desprestigian. Nos advierten en contra de tales prácticas, que violan la santidad del matrimonio y la pureza moral que se espera de los cristianos. "Porque, sabéis esto, que ningún fornicario, o inmundo, o avaro, que es idólatra, tiene herencia en el reino de Cristo y de Dios. Nadie os engañe con palabras vanas" (Ef. 5:5-6). Como veremos en un capítulo más adelante, nos conectamos con Dios espiritualmente a través de Cristo, no a través del éxtasis sexual.

Podemos comprender por qué en el siglo II Ireneo, comentando acerca de cómo los gnósticos utilizaban la Biblia en su época, dijo que el gnosticismo es como tomar una hermosa imagen de un rey y hacerla parecer a la imagen de un lobo. Con razón, Pedro, al hablar de los falsos maestros, escribió: "Y muchos seguirán sus disoluciones, por causa de los cuales el camino de la verdad será blasfemado, y por avaricia harán mercadería de vosotros con palabras fingidas" (2 P. 2:2-3). ¡Como fue entonces, lo es ahora!

JESÚS Y EL MATRIMONIO

¿Pudo Jesús haber estado casado?

Dan Brown dice que en la época de Jesús era extraño que un hombre no estuviera casado. Y sostiene que puesto que Jesús era humano, hubiera deseado la intimidad sexual y la compañía femenina. Esto, sin embargo, no brinda evidencia de que Jesús estaba casado. Sí sabemos que los autores del Nuevo Testamento tales como Mateo y Juan que lo conocían bien no hicieron referencia a su matrimonio lo que, si hubiera sucedido, por cierto habría sido mencionado.

Podríamos especular que Él pudo haber estado casado, ya que el matrimonio es "honorable y puro". Ya que fue un ser humano, de hecho incluso un ser humano sin pecado, podemos suponer que se pudo haber casado. Sin embargo, porque Él tenía tanto una naturaleza humana y una naturaleza divina debemos confesar que es impensable que Jesús, el Dios-hombre, pudiera haberse unido a una pecadora en el vínculo humano físico más íntimo. Si se hubiera casado, presumiblemente hubiera sido con alguien tan santo como Él, lo que gravemente limitaba sus opciones.

No obstante, hay otro motivo por el cual creo que Jesús no pudo haberse casado. Tal matrimonio hubiera arruinado la hermosa anticipación de su boda futura. Jesús está ahora comprometido con nosotros, la Iglesia: Su Novia. Él no se hubiera casado en la tierra, sabiendo que su matrimonio venidero es en el cielo. En ese día, nosotros, junto con María Magdalena, estaremos invitados a la cena de bodas del Cordero, donde el matrimonio se consuma, no en una unión física sexual, sino en la unión más bendita e íntima de comunión imaginable. Sí, Jesús se casará, no con una mujer, sino con todos nosotros que constituimos la Novia de Cristo.

"Gocémosnos y alegrémonos y démosle gloria; porque han llegado las bodas del Cordero, y su esposa se ha preparado. Y a ella se le ha concedido que se vista de lino fino. (El lino fino significa los actos justos de los santos). Y el ángel me dijo: Escribe: Bienaventurados los que son llamados a la cena de la boda del Cordero" (Ap. 19:7-9).

Dada esta perspectiva más amplia, el celibato evidente de Jesús fue tanto necesario como adecuado.

La invitación a asistir a su boda no proviene del Jesús gnóstico, sino en cambio del Jesús que es Rey de reyes y Señor de señores". Por lo cual Dios también le exaltó hasta lo sumo, y le dio un nombre que es sobre todo nombre, para que en el nombre de Jesús se doble toda rodilla de los que están en los cielos, y en la tierra, y debajo de la tierra; y toda lengua confiese que Jesucristo es el Señor, para gloria de Dios Padre" (Fil. 2:9-11).

Solo los que acepten su invitación se reunirán para disfrutar el festejo.

"La Biblia es un producto del *hombre*. No de Dios", dice Sir Leigh Teabling en *El Código Da Vinci*. "La Biblia no cayó mágicamente de las nubes. El hombre la creó como un registro histórico de tiempos tumultuosos, y ha evolucionado a través de innumerables traducciones, agregados y revisiones. La historia nunca ha tenido una versión definitiva del libro".[1]

Sí, es cierto que la Biblia no cayó mágicamente de las nubes. Y también es cierto que el hombre escribió la Biblia en un contexto histórico dado, con frecuencia en tiempos tumultuosos. Pero también hay poderosa evidencia de que la Biblia es más que un libro escrito por los hombres, que es un libro que los hombres escribieron mientras estaban inspirados por Dios. Hay toda razón para creer que la Biblia brinda información confiable acerca de todo lo que enseña. Tales razones están disponibles para aquellos que están interesados en buscar la verdad.[2]

Sin embargo, este capítulo tomará una dirección levemente diferente. Aquí, trataremos las siguientes cuestiones: ¿Sobre qué base se incluyeron algunos libros y otros fueron excluidos del canon? ¿Es cierto que, como dice *El Código*

Da Vinci, los Evangelios gnósticos fueron prohibidos por hombres que querían cambiar la iglesia de una comunidad matriarcal o a otra patriarcal? ¿Es verdad que algunos libros no pudieron ingresar al canon por un acto de censura?

En la Navidad de 2003, el *History Channel* presentó un especial de dos horas de duración llamado *Banned from the Bible,* [Erradicados de la Biblia], una discusión de los diversos libros que fueron escritos en la época del Nuevo Testamento pero que fueron excluidos del *canon.* La clara impresión fue que algunos libros fueron excluidos simplemente porque eran profemeninos o demasiado arriesgados para ser incluidos. El documental también daba a entender que por lo menos algunos de esos libros hubieran constituido una útil adición a las Escrituras si se los hubiera incluido. De hecho, el programa sostenía que puesto que la Biblia es un libro humano, individuos poderosos incluían o excluían escritos por motivos religiosos y políticos.

A estas alturas debemos aclarar que hay dos grupos de libros que no fueron incluidos en el *canon.* Un grupo es el de los Evangelios gnósticos, que ya hemos tratado en cierto detalle. Pero el *History Channel* se refería principalmente a un segundo grupo de libros que se han conocido durante siglos y que son accesibles a cualquier persona que quiera leerlos. Estos son los escritos apócrifos que se han conocido desde la antigüedad. Nuevamente, debo señalar que estos libros deben diferenciarse de los libros adicionales que se encuentran en la Biblia católica que son anteriores a estos "libros erradicados".

Algunos de estos "libros erradicados" enseñan que:

- Cuando Jesús era un niño, mató a otro niño al empujarlo de un techo y, cuando fue acusado, respondió utilizando su poder para resucitarlo de los muertos. De hecho, Jesús aparentemente usó su poder por motivos personales hasta que creció y luego solo usó los poderes divinos para lograr el bien.

- Después de la caída, Adán ideó un plan para él y Eva destinado a regresar al Huerto del Edén estando en ríos diferentes. Él estuvo parado en el río Jordán durante cuarenta días y Eva, siendo más débil, se suponía que debía estar parada en el río Tigres durante treinta y cuatro días. Pero el diablo se le volvió a aparecer a Eva y ella salió del agua en el día dieciocho, arruinando el plan e incurriendo en el desagrado de Adán.

- En el infierno a los blasfemos se los cuelga de la lengua y a los fornicarios, de los genitales. Pero si las personas le piden a Dios que las libere, todo el infierno se vaciará. Sin embargo, nadie sabe esto, porque si lo hacen, volverán a pecar aún más.

Por supuesto, otros libros que están más en sincronía con la Biblia tampoco fueron incluidos en el *canon*. Había decenas de escritos en circulación cuando se armó el Nuevo Testamento, muchos de ellos diciendo que eran historias alternativas de Jesús. Unos pocos incluso lucharon por una posición en el *canon*.

Banned from the Bible [Erradicados de la Biblia] también implicó que solo luego de que Constantino se convirtió al cristianismo se hizo un gran esfuerzo para recopilar un Nuevo Testamento. Y se nos dice que se necesitaron otros cuarenta años después del Concilio de Nicea para que la iglesia canonizara los veintisiete libros finales del Nuevo Testamento (año 367 d.C.) El programa daba la impresión de que durante cientos de años la iglesia cristiana no contaba con un *canon* acordado.

¿Cuánto de esto es verdad y cuánto se intenta que sea apto para encajar con las nociones populares acerca de la naturaleza de la Biblia y el proceso de canonización? Echemos una rápida ojeada a los libros "erradicados" de la Biblia y luego trataremos cómo llegó a conformarse realmente el *canon*.

LOS LIBROS ERRADICADOS

Los libros que fueron excluidos de la Biblia fueron considerados por la primera iglesia como pseudoepigráficos, es decir, escritos fraudulentos que los primeros líderes consideraron como cuentos concebidos en la mente de imaginaciones fértiles. La historia demuestra que las leyendas siempre se crean alrededor de figuras famosas, y no debería sorprendernos que algunas personas adjudicaran supersticiones a Jesús que no tienen base. Estos son libros que contienen las historias referidas anteriormente: Historias acerca de la infancia de Jesús; los entendimientos alternativos acerca del infierno y demás. A diferencia de los Evangelios gnósticos, estas leyendas se han conocido desde la antigüedad. La cuestión pasa a ser esta: ¿Por qué se incluyeron algunos libros en el *canon,* y otros fueron rechazados? Más importante aún, ¿quién tomó esas decisiones y cuándo? ¿Es cierto que no hubo un *canon* acordado hasta cuarenta años después de la época de Constantino? Y, ¿deberíamos considerar que el *canon* es abierto, es decir, alguien tiene el derecho de insistir en que se incluyan otros libros en las Sagradas Escrituras?

EL DESARROLLO DEL CANON

La Biblia es una recopilación notable de sesenta y seis libros, unidos por un tema en común. Como un tapiz, teje la historia de la redención de dios de la raza humana. Que esos libros deban ser recopilados, acordados y aceptados como la Palabra de Dios es en sí un milagro de la providencia de Dios. Bosquejar toda la imagen nos ayudará a colocar los detalles en perspectiva.

Muchas personas suponen que la decisión en cuanto a

qué libros se incluyeron o excluyeron la tomó el concilio de la iglesia que se reunió tras puertas cerradas y debatió los méritos de cada libro, aceptando algunos y rechazando otros. Otros suponen que estos libros "simplemente" se compilaron sin ningún criterio especial por el cual debían ser juzgados como meritorios de las Escrituras. Otros más piensan que la decisión se tomó sobre la base de un acato siniestro de censura como sostiene *El Código Da Vinci*.

Primero resumamos la forma en que se reunieron los libros del Antiguo Testamento. Esto nos brindará un patrón que será importante al tratar la recopilación de los libros del Nuevo Testamento.

El Antiguo Testamento

Cuando Dios autorizó la escritura de un manuscrito y las personas de Dios lo reconocieron como tal, fue preservado. Por ejemplo, Moisés escribió "todas las palabras de Jehová" (Éx. 24:4) y estos escritos fueron cuidadosamente puestos en el arca del pacto (Dt. 31:26); lo mismo sucedió con los escritos de Josué (Jos. 24:26) y de Samuel, cuyas palabras fueron colocadas "en un libro, el cual guardó delante de Jehová" (1 S. 10:25). Lo mismo puede decirse de los libros de Jeremías y Daniel (Dn. 9:2).

Evidentemente, la cantidad de libros aumentaba y las generaciones siguientes los honraban como la Palabra del Señor. Por ejemplo, Esdras poseía una copia de la ley de Moisés y los profetas (Neh. 9:14, 26-30). Esta ley se leía y reverenciaba como la Palabra de Dios.

No toda la literatura religiosa judía se consideraba parte de la lista inspirada de libros. Por ejemplo, el libro de Jaser existió (Jos. 10:13), como existió el libro de las batallas de Jehová (Nm. 21:14) y otros (1 R. 11:41). Estos libros no sobrevivieron a los siglos, así que no conocemos su contenido.

Mientras el *canon* crecía de tamaño, con frecuencia se lo describía con la frase: "Moisés y los profetas". Más tarde, se le hacía referencia como "la ley, los profetas y los escritos" (o "los Salmos"). Jesús mismo aludió a esta división triple cuando habló de "la ley de Moisés, y de los profetas y los salmos" (Lc. 24:44).

Para ser justos, debemos informar que la canonicidad de los cinco libros del Antiguo Testamento fue cuestionada en un momento u otro, cada uno por diferentes motivos. Para algunos, los Cantares de Salomón eran demasiado sensuales. Eclesiastés era demasiado escéptico y puesto que Ester no menciona el nombre de Dios, algunos pensaron que era demasiado poco espiritual. Algunos cuestionaban a Proverbios porque parecía contradecirse. Y finalmente, algunos eruditos judíos pensaron que Ezequiel era antimosaico, y se decía que sus visiones tendían al gnosticismo.

A pesar de estas objeciones, la mayoría de los estudiosos judíos no cuestionaron estos libros, se los consideró canónicos tan pronto fueron escritos, y cuando se los interpreta correctamente están en completa armonía con los otros libros del Antiguo Testamento. Los siglos han demostrado la sabiduría de haberlos guardado dentro del *canon* bíblico.

En cuanto sabemos, los judíos estuvieron de acuerdo con que el *canon* del Antiguo Testamento cerró aproximadamente en el año 400 a.C. con la profecía de Malaquías. De hecho al período que va desde el Antiguo Testamento y el Nuevo Testamento se lo denomina los cuatrocientos años silenciosos. Dios no estaba hablando directamente a su gente, y no se escribieron palabras.

¿Qué podemos saber por cierto? En primer lugar, sabemos que nuestro Antiguo Testamento se basa en el *canon* del Antiguo Testamento hebreo que fue aceptado por los judíos. Y en segundo lugar, este es el mismo *canon* que Cristo ratificó por sus frecuentes referencias al Antiguo Testamento como la Palabra inquebrantable de Dios. Al dar su aprobación a estos libros, podemos confiar en que el *canon* del Antiguo Testamento tiene autoridad y está cerrado.[3] En este proceso vemos la providencia de Dios. Recuerde, estos libros del Antiguo Testamento fueron seleccionados por el pueblo de Dios sin el beneficio de un concilio para debatir los méritos de cada libro. Los propios líderes que eran responsables de la vida espiritual de Israel determinaron qué libros pertenecían al Antiguo Testamento. Si bien a veces pudo haber desacuerdos, esas decisiones nunca estuvieron en las manos de un comité de selección. Sí, un concilio se reunió en el año 90 d.C. y el *canon* del Antiguo Testamento estaba en su agenda, pero solo ratificó libros que los judíos ya habían aceptado cinco siglos antes. Los libros auténticos habían demostrado ya su valor, la paja ya había sido separada del trigo.

El *canon* del Nuevo Testamento

La misma autoridad que advertimos en el Antiguo Testamento se atribuye a los autores del Nuevo Testamento. Su autoridad no se encuentra en la brillantez humana o en la especulación, sino que está enraizada en el carácter de Dios. Pablo pudo decirle a la congregación en Corinto que lo que él les escribía era una orden de Dios (1 Co. 14:37).

Jesús les encargó a los discípulos que transmitieran la verdad que Él les había enseñado: "Os he dicho estas cosas estando con vosotros. Mas el Consolador, el Espíritu Santo, a quien el Padre enviará en mi nombre, él os enseñará todas las cosas, y os recordará todo lo que yo os he dicho" (Jn. 14:25-26). Por supuesto, debemos darnos cuenta de que la primera iglesia no tenía un centro de adoración central para albergar los libros como tenían los judíos. El cristianismo

59

se difundió más allá de las fronteras del judaísmo y se convirtió en una religión internacional, pero no había un lugar especial que sirviera como base central de autoridad. La persecución desarmó a la iglesia en todas las direcciones. Los libros del Nuevo Testamento fueron escritos durante la última mitad del siglo I. La mayor parte de los libros se escribieron a iglesias locales (la mayoría de las epístolas de Pablo fueron escritas a iglesias en ciudades tales como Éfeso, Filipos y otras) y algunos se dirigieron a personas. Otros libros, escritos por diversos autores, fueron escritos para un público más amplio en el este de Asia (1 Pedro), oeste de Asia (Apocalipsis) y hasta Europa (Romanos).

Con tal diversidad de origen geográfico y destino, es comprensible que no todas las iglesias tuvieran de inmediato copias de estas cartas. Debido a las limitaciones de comunicación y traslado, pasó un tiempo hasta que el número de libros considerados con autoridad se establecieran finalmente.

Evidentemente, un proceso de selección y de verificación era importante para los primeros creyentes. Y mientras los apóstoles estuvieron vivos, todo podía verificarse (Lc. 1:2; Hch. 1:21-22). Por ejemplo, Juan podía decir: "Porque la vida fue manifestada y la hemos visto, y testificamos, y os anunciamos la vida eterna, la cual estaba con el Padre, y se nos manifestó; lo que hemos visto y oído, eso os anunciamos..." (1 Jn. 1:2-3). Pedro nos aseguró que él fue un testigo ocular de la transfiguración y que su descripción se basó en evidencia de primera mano (2 P. 1:16-18). La autoridad apostólica fue una corte de apelación final.

Así como se agregaron libros al *canon* del Antiguo Testamento, del mismo modo los diversos libros del Nuevo Testamento obtuvieron aceptación al ser escritos y al circular. Desde los primeros tiempos la iglesia contó con un *canon funcional, es decir, se aceptaron algunos libros como de autoridad incluso cuando otros no habían sido escritos todavía.*

Pablo ordenó a los tesalonicenses: "Os conjuro por el Señor, que esta carta se lea a todos los santos hermanos" (1 Ts. 5:27). Y de nuevo a los colosenses escribió: "Cuando esta carta haya sido leída entre vosotros, haced que también se lea en la iglesia de los laodicenses" (Col. 4:16). Juan prometió una bendición para todo el que escuchara leer el libro de Apocalipsis (Ap. 1:3). Claramente las cartas apostólicas estaban dirigidas a toda la iglesia. Había una especie de circulación interna de libros que creció firmemente.

Que algunos de los libros fueron aceptados como Escrituras poco después de haber sido escritos puede confirmarse por las palabras de Pedro. Él poseía una colección de las cartas de Pablo y las consideraba como Escrituras. Escuche esta asombrosa confirmación de la autoridad de Pablo. Pedro escribió: "...Y tened entendido que la paciencia de nuestro Señor es para salvación; como también nuestro amado hermano Pablo, según la sabiduría que le ha sido dada, os ha escrito, casi en todas sus epístolas, hablando en ellas de estas cosas; entre las cuales hay algunas difíciles de entender, las cuales los indoctos e inconstantes tuercen, como también las otras Escrituras, para su propia perdición (2 P. 3:15-16). Las cartas de Pablo fueron consideradas casi de inmediato como autoridad de las Escrituras.

Otros libros gozaron de la misma aceptación. Judas 1:17-18 citado de Pedro (2 P. 3:3), en 1 Timoteo 5:18 Pablo citó el Evangelio de Lucas como Escritura (Lc. 10:7). Evidentemente, los creyentes de la primera iglesia reconocieron un creciente cuerpo de literatura como la inspirada Palabra de Dios. Hacia fines del siglo I dos tercios de nuestro actual Nuevo Testamento se consideraba inspirado. Los libros restantes fueron conocidos y citados como con autoridad aunque no habían obtenido aún una amplia circulación.

Sí, hubo algunos desacuerdos. Algunos sospechaban de Hebreos porque la autoría del libro es desconocida; algunos dudaban de que 2 Pedro fuera escrito por Pedro, atribuyéndolo a un autor desconocido que tomó prestado su material de Judas. Apocalipsis no está presente en algunas listas de la época, probablemente porque no era conocido en algunos lugares.

Cuando un hereje de nombre Marción, en oposición a los escritos cristianos, presentó su propia versión de las Escrituras en el año 135 d.C., la primera iglesia se vio forzada a definir qué libros se considerarían de autoridad. Marción era ferozmente antijudío y se oponía a la ley bíblica. Creyendo que el Dios del Antiguo Testamento era diferente del Dios del Nuevo Testamento, eliminó el Antiguo Testamento y solo eligió los libros del Nuevo Testamento que se ajustaban a su fantasía. La iglesia tuvo que responder y declarar cuáles libros tenían autoridad y cuáles no.

Un documento llamado el *Fragmento Muratorio,* que data de aproximadamente el año 175 d.C., evalúa los diversos libros canónicos junto con los que fueron rechazados por la iglesia. Lamentablemente, este antiguo documento está mutilado. Sin embargo, aunque faltan partes de él, los estudiosos pueden identificar una lista que contiene aproximadamente veintitrés de nuestros veintisiete libros actuales. También enumera algunos documentos falsos atribuidos al apóstol Pablo. En cuanto a esos escritos bastardos, el autor advirtió que estos libros no pueden ser recibidos en la iglesia católica "ya que no es bueno que el veneno se mezcle con la miel".[4] Tales escritos no fueron erradicados de la Biblia, fueron dejados a un lado porque se reconoció que eran libros falsos.

Se podría decir que unos pocos libros legítimamente han

sido erradicados de la Biblia, tales como el *Pastor de Hermas*, un libro que fue aceptado como canónico por algunas iglesias, pero que finalmente fue rechazado porque se escribió demasiado tarde y su teología se contradecía con los otros escritos del canon. El libro enseña que si sumamos nuestros pecados no podemos ser salvos y que solo tenemos una oportunidad de arrepentirnos. Podemos estar agradecidos de que el *Pastor de Hermas* no es parte de las Escrituras. Algunos pensaban que la epístola de *Bernabé* y un documento conocido como el *Didajé* (la enseñanza de los apóstoles) debían estar en el *canon*. Estos y otros libros no canónicos se leían en algunas iglesias.

EL CANON ESTÁ CERRADO

¿Y qué pasa con el argumento de que la lista de libros del Nuevo Testamento no se terminó hasta cuarenta años luego del Concilio de Nicea, que se llevó a cabo en el año 325 d.C.? Es cierto que la lista completa de veintisiete libros aceptados apareció por primera vez en la carta de Pascua de Atanasio en el año 367 d.C. Pero, y esto es importante, hacia esa época, este canon de veintisiete libros, con algunas variaciones, ya había funcionado como la regla de la iglesia durante más de 250 años.

En el capítulo 1, aprendimos que Constantino no decidió qué libros comprendería el *canon*. En cambio, el tema del *canon* ni siquiera se trató en el Concilio de Nicea. Para esa época la iglesia primitiva estaba leyendo un *canon* de libros que con algunas variaciones, había determinado que era la Palabra de Dios doscientos años antes. Sin embargo, lo que sí hizo Constantino, fue encargarle al historiador Eusebio de Cesarea que hiciera cincuenta Biblias, para ser copiadas por escribas entrenados a fin de usarlas en las iglesias de Constantinopla. Ojalá tuviéramos una lista de los libros para poder verificar qué libros del Nuevo Testamento se incluyeron en esos volúmenes.

Sin embargo, aunque no contamos con copias de esas Biblias, hay muchos motivos para creer que la lista de libros incluidos en el Nuevo Testamento era la misma que la de la nuestro *canon* actual. F. F. Bruce, quien durante veinte años fue el profesor Rylands de crítica bíblica y exégesis en la Universidad de Manchester, dice que si bien no se nos dice qué libros del Nuevo Testamento estaban en esas Biblias, "la respuesta no se pone seriamente en duda. Las copias contenían todos los libros que Eusebio enumera como reconocidos universalmente... en pocas palabras, los mismos veintisiete libros que aparecen en nuestras copias del Nuevo Testamento hoy día".[5] La evidencia apunta a la conclusión de que Eusebio simplemente estaba aceptando esos libros que ya habían sido aceptados por la iglesia como Escrituras inspiradas.

Por favor sepa que lo único que podía hacer la primera iglesia era reconocer aquellos libros que estaban inspirados por el Espíritu Santo. Ningún concilio o iglesia podía tomar libros sin autoridad e investirlos con autoridad divina. Un libro tiene o no tiene autoridad inherente; es de Dios o no lo es. Una carta escrita por Jorge Washington sería auténtica aunque los historiadores no la reconocieran como tal. Y si no hubiera estado escrita por él, todos los concilios y pronunciamientos de los hombres no podrían convertirla en una carta de su puño y letra. Todo lo que podía hacer la primera iglesia era determinar si un libro estaba o no inspirado por Dios. Los resultados del proceso no fueron inventados.

Podemos estar agradecidos de que una vez que los actuales veintisiete libros del Nuevo Testamento fueron aceptados, no se han realizado movimientos creíbles dentro de la iglesia para borrar algunos o agregar otros. Hay buenos motivos para creer que la primera iglesia discernió correctamente los escritos que les llegaron de Dios.

CRITERIO PARA LA ACEPTACIÓN

En retrospectiva, ¿cuáles fueron los criterios para incluir los libros en el canon? En primer lugar, estaba la *apostolicidad*, es decir que el libro fue escrito por un apóstol o sancionado por uno. Si bien Marcos no fue uno de los apóstoles, su enseñanza refleja su asociación con Pedro; Lucas viajó con Pablo. Este es un motivo por el cual el Pastor de Hermas fue rechazado; se escribió demasiado tarde como para relacionarlo con alguno de los apóstoles.

En segundo lugar, había conformidad con la regla de la fe; es decir, las enseñanzas del libro eran consistentes con los profetas del Antiguo Testamento y con los apóstoles del Nuevo Testamento. Así, si bien se desconoce la autoría del libro de Hebreos, se lo vio como una exposición inspirada de cómo Jesús cumplió con la ley del Antiguo Testamento y con sus rituales.

En tercer lugar, un documento debía tener una aceptación difundida y continua para ser incluido. Jerónimo da su propio motivo por el cual no importa quién escribió el libro de Hebreos: Es la obra de un "autor de la iglesia" y está en armonía con la verdad de las iglesias donde se lo lee y acepta constantemente.[6]

No puedo enfatizar más este punto: Los diversos libros no fueron aceptados o rechazados por un concilio o un comité. El proceso no fue lo que *El Código Da Vinci* describe como un acto de censura. Los concilios solo ratificaron lo que la iglesia ya había hecho; *ningún concilio o Papa impuso libros a las iglesias que estas no hubieran aceptado ya.*

Considere el siguiente bosquejo breve de cómo surgió el *canon* del Nuevo Testamento:

ERWIN W. LUTZER

1. Los apóstoles escribieron cartas y estas fueron recibidas por las iglesias; se hicieron copias y se las hizo circular.
2. Se desarrolló un creciente grupo de libros que fueron reconocidos como Escrituras inspiradas. Preguntas importantes para su aceptación incluían: ¿El libro fue escrito por un apóstol o por alguien que conoció a los apóstoles y por ende tenía el sello de autoridad apostólica? ¿Estaba en armonía con otra doctrina aceptada?
3. Hacia fines del siglo I todos los veintisiete libros de nuestro *canon* actual habían sido escritos y recibidos por las iglesias. Si bien algunas de las listas canónicas estaban incompletas, esto no debe interpretarse como el rechazo de algunos libros. Con frecuencia simplemente significa que algunos libros eran desconocidos en determinadas áreas.
4. Como una indicación tanto del acuerdo como de la aceptación difundida de los libros del Nuevo Testamento, cabe advertir que una generación siguiente al fin de la Era Apostólica, cada libro del Nuevo Testamento ha sido citado como con autoridad por algún padre de la iglesia.[7]
5. Dudas o debates restantes acerca de determinados libros continuaron en el siglo IV. Vale la pena repetir que en cuanto a lo que sabían los historiadores, la primera vez que la lista de nuestros veintisiete libros aparece es en una carta de Pascua escrita por Atanasio, un sobresaliente líder de la iglesia en el año 367 d.C.
6. Los veintisiete libros de nuestro Nuevo Testamento fueron ratificados por el Concilio de Hipo (393) y el Tercer Concilio de Cartago (397).

Como dice la *New Catholic Enciclopedia* [Nueva enciclopedia católica]: "El *canon* ya implícitamente presente en la Era Apostólica, gradualmente se volvió explícito a través de una cantidad de factores providenciales que lo formaron y lo establecieron".[8] Los concilios de la iglesia no tenían conocimiento ni poder que no fuera disponible para los cristianos en general. No hubo ningún proceso de canonización políticamente generado.

¿SE PUDO HABER EQUIVOCADO LA IGLESIA?

En este capítulo, hemos visto cómo el pueblo de Dios reconoció determinados libros como con autoridad a medida que fueron escritos. Estas personas fueron cuidadosas de observar todo lo que enseñaron y escribieron los apóstoles, creyendo que ellos eran los representantes del Cristo que conocían en la carne.

Pero, ¿se pudo haber equivocado la iglesia? Creemos que fue una iglesia *falible* la que escogió lo que creemos que es una lista de libros *infalible* que conforma nuestro Nuevo Testamento. Teóricamente, la iglesia pudo haberse equivocado, puesto que la iglesia no es infalible. Pero no hay motivo para creer que lo hizo. Primero, ningún otro libro tuvo un argumento serio para su inclusión en el *canon* del Nuevo Testamento. Los libros gnósticos, tales como el Evangelio de Tomás, simplemente no aprueban las pruebas necesarias para su inclusión, y además están desarmonizados con la regla de la fe. A la persona que crea que la iglesia se equivocó, yo le digo: "Establezca su caso... demuéstreme qué libro debería estar incluido y por qué".

Segundo, una buena cantidad de evidencia circunstancial demuestra que Dios guió el proceso de seleccionar aquellos libros que la iglesia acordó que eran canónicos. Dadas las distancias geográficas, las limitaciones de comunicación y los diversos antecedentes de las iglesias, dicho acuerdo es notable. ¿Todavía está preocupado con pensamientos de que una iglesia falible fue la que eligió lo que creemos que son Escrituras infalibles? No debería sorprenderse. *Después de todo fueron seres humanos falibles los que escribieron las Escrituras infalibles.* El rey David en el Antiguo Testamento y el apóstol Pedro en el Nuevo son ejemplos de autores cuyos pecados y defectos son bien conocidos. Sin embargo, David escribió salmos infalibles y Pedro que negó a Cristo escribió dos epístolas infalibles. De tal modo que una iglesia falible pudo haber sido conducida a Dios para elegir una lista de libros infalibles.

Si tiene dudas acerca de si otros libros debían ser incluidos, lo aliento a dedicar tiempo a leer los Evangelios gnósticos o los así llamados "libros perdidos de la Biblia". Descubrirá que están llenos de enseñanzas híbridas, supersticiones, y herejías tontas. Luego vaya a las Escrituras y se sentirá impresionado, no por las similitudes de estos escritos, sino por las grandes diferencias entre los libros bíblicos y estos falsos escritos.

Se dice que las Escrituras recibieron "el aliento de Dios". Ningún concilio de la iglesia ni "palabras de conocimiento" tienen tal autoridad. Regresamos a las palabras de Pablo: "Toda la Escritura es inspirada por Dios, y útil para enseñar, para redargüir, para corregir, para instruir en justicia, a fin de que el hombre de Dios sea perfecto, enteramente preparado para toda buena obra" (2 Ti. 3:16-17).

Solo un grupo selecto de libros cumple con una norma tan alta.

CINCO

UNA BÚSQUEDA EXITOSA DE JESÚS

"**P**ero me dijiste que el Nuevo Testamento se basa en inventos".

Langdon sonrió. "Sophie, *toda* fe en el mundo se basa en inventos. Esa es la definición de fe: Aceptar lo que imaginamos que es cierto, eso que no podemos comprobar".[1]

Con eso, la discusión en *El Código Da Vinci* se vuelca a la supuesta existencia de miles de documentos secretos que darían evidencia científica de que el Nuevo Testamento es un falso testimonio. Sin embargo, sorprende el hecho de que Langdon no está a favor de la documentación que destruiría al cristianismo porque no quiere molestar la fe de los cristianos, ni la de ninguna otra religión.

Él continuó: "Aquellos que comprenden de verdad su fe entienden que las historias son metafóricas... La alegoría religiosa se ha vuelto parte de la tela de la realidad. Y vivir en esa realidad ayuda a millones de personas a soportar y ser mejores personas".[2] En otras palabras, la historia de Jesús no es cierta, pero es útil para vivir en el mundo. Como veremos en el próximo capítulo, ¡esto es como decir que uno puede gozar de las hojas aunque los árboles no existan!

Entonces, ¿es cierto que el Nuevo Testamento se basa en inventos y que la fe cristiana consiste solo en aceptar que "imaginamos que es cierto" y que "no podemos demostrar"? ¿Qué les decimos a los que nos dicen que el Nuevo Testamento no es confiable? ¿Cuán sólida es la evidencia de la fe cristiana? ¿Encuentra usted su fe sacudida cuando lee que puede existir evidencia en algún lugar que no apruebe el Nuevo Testamento?

Este capítulo responderá las siguientes preguntas: "¿Hay buenos motivos para seguir creyendo en el Jesús tradicional, el Jesús de los credos? ¿Las revisiones recientes socavan tan seriamente el retrato del Nuevo Testamento de Jesús que somos libres de moldearlo a cualquier imagen que queramos?

EL SEMINARIO DE JESÚS

Quizá ningún grupo de estudiosos ha hecho más para desacreditar el retrato que hace el Nuevo Testamento de Jesús que *El seminario de Jesús,* que se reúne periódicamente en California para votar acerca de lo que creen que dijo e hizo o no dijo y no hizo Jesús. Los participantes idearon un plan acerca de cómo votar: Cada persona arroja una cuenta de plástico en un balde, y el color de la cuenta significa la opinión del estudioso: Rojo significa: "¡Ese es Jesús!" Color de rosa: "Por cierto suena a Jesús". Gris: "Bueno, quizás". Negra: "Ha habido algún error".

Su conclusión es que solo el dieciocho por ciento de las palabras adjudicadas a Jesús en los Evangelios pueden haber sido realmente pronunciadas por él. El resto de los dichos fueron aparentemente creados por la iglesia primitiva y colocados en la boca de Jesús. Por supuesto, la resurrección de Cristo fue rechazada, junto con todos los demás milagros. No debería sorprendernos que llegaran a la conclusión de que Jesús *no* dijo: "Yo soy el camino, y la verdad, y la vida; nadie viene al Padre, sino por mí" (Jn. 14:6). Solo se le atribuyen palabras y hechos políticamente correctos.

El propósito declarado de estos estudiosos de izquierda es cambiar la forma en que las personas piensan acerca de Jesús. Se han vuelto públicos, y los periódicos nacionales periódicamente informan sus conclusiones. Quieren "liberar a la Biblia del derecho religioso" y creer que nuestra cultura necesita una nueva visión de Jesús, un Jesús que habla a las preocupaciones modernas, tales como el feminismo, los aspectos multiculturales, la ecología y la corrección política. Este Jesús es simplemente un hombre.

Si usted cree en la Biblia como yo, le puedo asegurar que no tenemos nada qué temer de estas especulaciones subjetivas. De hecho, bien entendidos, estos estudiosos en realidad fortalecen nuestra fe en lugar de socavarla. En realidad, tal crítica de Jesús resulta ser *solo un motivo más para creer que Cristo es quien los autores del Nuevo Testamento sostienen que es.*

Déjeme explicarme.

En primer lugar, tenga presente que estas opiniones radicales se basan en su totalidad en intuiciones subjetivas de cada estudioso; de hecho, toda decisión se toma con una parcialidad total hacia los milagros. En la introducción a *The Five Gospels,* escrito por Robert Funk, fundador de *El seminario de Jesús,* (que incluye el *Evangelio de Tomás*), el autor dice: "El Cristo del credo y el dogma que estuvo firmemente en su lugar en la Edad Media, ya no puede mandar el asentimiento de aquellos que han visto los cielos a través del telescopio de Galileo".[3]

Hemos visto los cielos a través de un telescopio, así que ya no podemos creer en el Cristo milagroso. Recuerde que no estamos obligados a sus conclusiones por descubrimientos históricos o arqueológicos, sino por convicciones previas y presuposiciones naturalísticas concientemente elegidas. Sí, los estudiosos han estudiado extensamente la vida y la época de Jesús, pero solo para tratar de hacer encajar su opinión personal de quién fue realmente Jesús: Jesús el hombre, el *simple* hombre.

Ninguna evidencia histórica jamás les hará volver a examinar sus conclusiones porque su visión naturalista del mundo viene primero que la investigación histórica. Impulsados por una fuerte parcialidad contra lo natural, terminan donde comenzaron: En la mente de cada uno de ellos, no puede haber un Jesús sobrenatural.

Una vez que Jesús es separado de los relatos de los testigos oculares, todos son libres de interpretarlo como les plazca, con tanta imaginación o creatividad como puedan tener. Jesús se convierte en quien sea que queramos que sea. Al hablar de El seminario de Jesús, Howard Clark Kee, un profesor emérito del Nuevo Testamento en la Universidad de Boston, llamó a la obra del seminario "una desgracia académica" y dijo que sus miembros "parecían resueltos a encontrar a un Jesús libre de tales características que avergüenzan a los intelectuales modernos, como demonios, milagros y predicciones acerca del futuro".[4] Nosotros nos encontramos en terreno mucho más firme al creerle a hombres que participaron de los hechos en lugar de a revisionistas que viven a dos mil años de distancia.

LA BÚSQUEDA DEL JESÚS HISTÓRICO

El intento por desacreditar al Nuevo Testamento tiene una larga historia. Durante siglos los eruditos liberales han intentado separar al Jesús histórico (Jesús como simple hombre) de lo que denominan "el Cristo de la fe", es decir, el Cristo de la leyenda y el mito. Han intentado quitarle la piel a todos los dichos y obras milagrosas de los Evangelios para encontrar a este *hombre*, Jesús. En el proceso, han concluido con tantos "Jesús históricos" como eruditos. ¿En lugar de escribir una biografía de Cristo, cada estudioso, de hecho, ha escrito una biografía de sí mismo?

Esta búsqueda del Jesús es como un tipo de prueba de manchas de tinta de Rorschach; puesto que se consideró que el Nuevo Testamento no era creíble y lo único que importaba era la propia concepción de Jesús, surgieron muchos retratos de Cristo. Algunos autores lo describieron como un *hippie* contracultural; otros lo vieron como un reaccionario judío, un rabino carismático, o hasta un mago homosexual. El famoso humanitario Alberto Schweitzer escribió su propia biografía de Cristo y llegó a la conclusión de que fue la locura de Jesús la que lo llevó a sostener su divinidad. La vida de Cristo es un espejo en el que cada estudioso ve un reflejo de sus propias dudas, aspiraciones e intereses.

Al final, los autores revelaron más acerca de sí mismos que acerca de Jesús. Sus confusas contradicciones y opiniones subjetivas han obligado a muchos estudiosos a bajar los brazos con exasperación y admitir que la búsqueda del Jesús histórico ha terminado en un fracaso. Los estudiosos descubrieron que la descripción de Cristo en el Nuevo Testamento era un pedazo entero de tela. No pudieron encontrar la costura en la vestimenta que separaría al "Jesús el simple hombre" del "Jesús el obrador de milagros divinos". Ninguna navaja fue lo suficientemente afilada como para grabar el Nuevo Testamento con toda objetividad racional. Dándose cuenta de que la búsqueda del Jesús histórico era fútil, algunos incluso llegaron a la conclusión que el mejor curso de acción es decir que no sabemos nada de Él.

Quizá haya oído la historia de la famosa pintura de

ERWIN W. LUTZER

Edward Burne-Jones, *Amor entre las ruinas.* La pintura fue destruida por una firma de arte que había sido contratada para restaurarla. Si bien se les había advertido que era una acuarela y que por ende requería de una atención especial, usaron el líquido equivocado y disolvieron la pintura. A lo largo de los años, los hombres han tratado de reducir el retrato brillante de Cristo del Nuevo Testamento a tintes grisáceos, para diluir los milagros, para humanizar sus argumentos. Sin embargo, hasta ahora nadie ha encontrado el solvente necesario para neutralizar el original y reducirlo a una tela fría, aburrida. Independientemente de quién intente mezclar sus tintes con los de los hombres comunes, el retrato permanece testarudo, inmune a los que buscan distinguir entre el original y una supuesta revisión actualizada.

Por mucho que lo intenten, estos incrédulos no pueden encontrar un Jesús puramente humano en ningún lugar de las páginas del Nuevo Testamento. Su subjetivismo los dejó con porciones y pedazos de información, pero sin ninguna visión coherente de Jesús. Se enfrentan con una opción clara: *Aceptarlo como es retratado en el Nuevo Testamento o bien confesar su ignorancia respecto de Él.* De hecho, se enfrentan con la cruda realidad de que el retrato del evangelio es todo verdad o todo falso. Resueltos a no aceptar a un Cristo milagroso, ¡algunos estudiosos han optado por decir que podría no haber existido un Jesús histórico!

El punto es que no importa cuán atrás nos remontemos para encontrar al Jesús real, siempre encontramos a un Jesús sobrenatural. Es la falta de creencia y no la erudición lo que obliga a las personas a decir que el Nuevo Testamento se creó sobre "inventos" y que la fe "es eso que imaginamos que es verdad".

Agustín vivió antes de que los estudiosos criticaran a las Escrituras de acuerdo a sus caprichos personales. Sin embargo, incluso en su época algunas personas creían lo que querían y descartaban el resto. Él escribió: "Si creen lo que quieren en los Evangelios, y rechazan lo que no les gusta, no es el evangelio en lo que creen, sino en sí mismos". ¡Sí!

UNA EVALUACIÓN DE LOS DOCUMENTOS DEL NUEVO TESTAMENTO

La mejor manera de confirmar la exactitud de los documentos del Nuevo Testamento es probarlos con las mismas normas usadas para investigar cualquier otro documento histórico. John Warwick Montgomery en su libro *History and Christianity* [Historia y cristianismo], describe tres pruebas que se pueden aplicar al Nuevo Testamento.[5]

En primer lugar, está la prueba *biográfica,* que analiza la tradición textual por la cual un documento nos llega. Esta prueba responde la pregunta: Puesto que no contamos con documentos originales, ¿nuestro texto presente se basa en copias confiables? Puesto que hay una brecha de doscientos cincuenta años (más o menos) entre los originales y las copias que existen hoy día, ¿podemos estar seguros de que tenemos una tradición textual confiable?

La respuesta es un sonoro *sí.* Escuche las palabras de Sir Frederic Kenyon, ex director y principal bibliotecario del Museo Británico:

En ningún otro caso el intervalo entre la composición del libro y la fecha de los primeros manuscritos es tan corto como en el caso del Nuevo Testamento... Creemos que contamos en la esencia con un texto preciso de las siete obras existentes de Sófocles; sin embargo, el manuscrito sobre el que se basa fue escrito más de 1.400 años después de la muerte del poeta. Esquilo, Aristófanes y Tucídides están en la misma condición; mientras que con

Eurípides el intervalo se incrementa a 1.600 años. Para Platón serían 1.300 años, para Demóstenes tan poco como 1.200.[6]

Y si todavía le preocupa la brecha de doscientos cincuenta años, recuerde que podemos confirmar independientemente el texto del Nuevo Testamento de diversas formas. Primero, por los manuscritos de papiro que se descubrieron en Egipto. Estos manuscritos datan de tan pronto como el año 125 d.C., y contienen fragmentos del Nuevo Testamento. En segundo lugar, hay citas extensas del Nuevo Testamento en los escritos de los primeros padres de la iglesia. Esto se considera como otra prueba de que los escritos del Nuevo Testamento les eran conocidos, y que ellos poseían el mismo contenido que tenemos hoy día. Para citar a Kenyon nuevamente:

El intervalo, entonces, entre las fechas de la composición original y la evidencia existente más temprana es tan pequeño que de hecho es insignificante, y la última base para cualquier duda de que las Escrituras nos han llegado sustancialmente como fueron escritas ha sido eliminada ahora. Tanto la autenticidad como la integridad general de los libros del Nuevo Testamento pueden considerarse como finalmente establecidas.[7]

Incluso cuando tomamos en cuenta los errores que pudieron haber cometido los escribas y tomamos en cuenta que los diversos manuscritos sí tienen variaciones menores, aún así tenemos un texto bíblico confiable sobre el cual se basa nuestra fe. Ninguna doctrina se ve afectada por diferencias de ortografía, orden de palabras o la adición de una palabra o frase explicatorio.

La segunda prueba es *interna*, es decir, lo que sostienen los mismos autores. ¿Ellos sostienen ser testigos oculares de los hechos registrados o por lo menos recibieron su información de fuentes creíbles? Juan sostenía haber sido testigo ocular de los eventos del evangelio y explícitamente dice haber estado presente en la crucifixión (Jn. 19:35). Lucas nos contó que había muchos relatos de la vida de Cristo a los que él tenía acceso, luego continuó: "Me ha parecido también a mí, después de haber investigado con diligencia todas las cosas desde su origen, escribírtelas por orden, oh excelentísimo Teófilo, para que conozcas bien la verdad de las cosas en las cuales has sido instruido" (Lc. 1:3-4).

Los autores del Nuevo Testamento no se desacreditan a sí mismos por contradicciones internas o desvaríos místicos. Sus propios momentos de duda y escepticismo los motivaron a buscar la verdad para poder escribir con credibilidad. Muchos de los libros del Nuevo Testamento fueron escritos cuando las personas que habían sido testigos de los eventos todavía vivían. En algunos casos los autores convocaron a otras personas para verificar que lo que estaban escribiendo era correcto. Cuando Pablo argumentaba acerca de la resurrección física de Cristo, apuntó a los que todavía vivían que podían verificar su declaración (1 Co. 15:6).

Finalmente, está la prueba *externa*. ¿Otros materiales históricos confirman o niegan el contenido de los documentos? El espacio limitado no permite una apelación a la arqueología, salvo para decir que con mucha frecuencia confirma los escritos de la Biblia. Ya se trate de la historia de Abraham, de la existencia de los hititas o de los detalles del reinado de Salomón, el Antiguo Testamento ha demostrado una y otra vez que su historia es confiable. En cuanto al Nuevo Testamento, cada año trae más descubrimientos de que los relatos son dignos de confianza. Y podríamos añadir que el famoso historiador Josefo se refirió a la resurrección de Cristo: "En esta época había un hombre sabio llamado Jesús, y su conducta era buena y se lo conocía como virtuoso. Pilato lo condenó a ser crucificado y a morir. Pero los que se habían convertido en sus discípulos no abandonaron su discipulado. Informaron que se les apareció tres días después de su crucifixión y que estaba vivo".[8]

¿PUDIERON LOS DISCÍPULOS HABER INVENTADO LA HISTORIA?

¿Pero no podría ser posible, como sugieren los teólogos liberales, que los seguidores de Jesús hubieran inventado sus historias acerca de Él por un deseo de convertir a un simple hombre en el Hijo de Dios? Esta es, por supuesto, la enseñanza de El seminario de Jesús y de otros que intentan desnudar a Jesús de su divinidad.

Montgomery señaló que su teoría simplemente no es factible. Por un lado, Jesús habría sido un mal candidato para elegir para la deificación. Su enseñanza contradecía la expectativa mesiánica de la época. Los judíos de esos días estaban esperando a un Mesías que vendría con la espada para derrotar a los romanos y devolverles la tierra a los judíos. Como explicó S. W. Baron en su *Social and Religious History of the Jews* [Historia religiosa y social de los judíos], el consenso común era que el Mesías uniría a Israel y a Judá en contra de los romanos.[9] Esto poco suena al Jesús que dijo: "Mi reino no es de este mundo" (Jn. 18:36). Como dijo Montgomery: "El simple hecho de que los judíos oficialmente crucificaron a Jesús por blasfemia es una base suficiente para rechazar la idea de que Jesús cumplía con los sueños mesiánicos de la época".[10]

En segundo lugar, los seguidores de Jesús nunca habrían declarado que un hombre era Dios; tal ofensa era impensable. Esto habría estado en contra de las enseñanzas de la ideología judía del siglo I. Dos leyes eran la base fundamental de la fe judía: (1) la unidad de Dios y (2) el primer mandamiento de que "no tendrás dioses ajenos delante de mí" (Éx.

20:3). Tomar a un simple hombre y atribuirle deidad era un sacrilegio de la mayor magnitud; el apedreamiento era el castigo para tal delito.

Hay un solo motivo lógico por el cual Jesús es retratado en el Nuevo Testamento como Dios: Él mismo lo dijo y el peso de la evidencia convenció a los discípulos de que decía la verdad. Los discípulos eran pescadores obstinados cuyo escepticismo debía ser vencido por un hombre que sostenía ser el Mesías y que tenía los milagros y la sabiduría para demostrarlo.

Tomás, por ejemplo, no estaba por creer en la resurrección, incluso en el testimonio uniforme de diez hombres. Él dijo: "Si no viere en sus manos la señal de los clavos, y metiere mi dedo en el lugar de los clavos, y metiere mi dedo en su costado, no creeré" (Jn. 20:25).

Jesús graciosamente le responde a su solicitud. Pasa a través de una puerta cerrada y dice: "Pon aquí tu dedo, y mira mis manos; y acerca tu mano, y métela en mi costado; y no seas incrédulo, sino creyente".

¿La respuesta de Tomás? "¡Señor mío, y Dios mío!" (Jn. 20:25-28).

Eso casi no suena a un hombre crédulo que estaba dispuesto a creer en cuentos fantasiosos acerca de un posible Mesías. El retrato de Jesús en los Evangelios no podría haber sido fabricado. Como el centurión que vio morir a Jesús, estamos obligados a añadir nuestras voces a los que dicen: "Verdaderamente este hombre era hijo de Dios" (Mr. 15:39).

TESTIMONIO DE LOS TESTIGOS OCULARES

El apóstol Pedro, sabiendo que estaba a punto de morir, quería dejar un testimonio final a sus lectores acerca de la historicidad de Jesús. Entonces escribe: "Pues tengo por justo, en tanto estoy en este cuerpo, el despertaros con amonestación; sabiendo que en breve debo abandonar el cuerpo, como nuestro Señor Jesucristo me ha declarado. También yo procuraré con diligencia que después de mi partida vosotros podáis en todo momento tener memoria de estas cosas" (2 P. 1:13-15). Luego sigue un vívido relato de lo que experimentó cuando estuvo con Jesús.

Como ya hemos visto, 2 Pedro no fue inicialmente aceptado con amplitud como canónico. Algunos de los líderes de la primera iglesia creían que no había sido escrito por Pedro, sino que pertenecía a la categoría de libros escritos bajo un seudónimo. Evidentemente, si Pedro no lo escribió, no tiene derecho a estar en el *canon*.

Este no es el lugar para tratar las razones de la controversia temprana, salvo para decir qué origen, aproximadamente en el año 240 d.C. dijo que el libro era disputado pero que él no lo rechazaba. Eusebio, a quien ya hemos conocido, también lo ubicó en una lista de libros disputados, pero lo incluyó en el *canon*. Si hubiera sido escrito por un autor diferente, probablemente no habría comenzado la carta con el saludo: "Simón Pedro, siervo y apóstol..." (v. 1). Pedro más probablemente se hubiera referido a sí mismo usando la palabra *Simón* que cualquier otro autor que quisiera usar el nombre de Pedro para obtener una amplia aceptación del libro.

Es más, las doctrinas del libro están de acuerdo con los otros libros del Nuevo Testamento, y este acuerdo es un agregado a su canonicidad. La naturaleza personal de su experiencia también confirma que el libro ha sido escrito por Pedro, el discípulo de Jesús. La historia ha demostrado la sabiduría de la primera iglesia al incluir este libro en nuestro *canon*.

Volvemos al texto.

Los falsos maestros en la época de Pedro, toda época los

ha tenido, estaban atacando la doctrina del regreso glorioso de Jesús. Presentaban sus argumentos desde la uniformidad de la ley natural de que "desde el día en que nuestros padres durmieron, todas las cosas permanecen así como desde el principio de la creación" (2 P. 3:4).

Ahora Pedro los refutaba.

Vimos la transformación del Hijo

Anticipándose a los que *no* creían en un Jesús milagroso, Pedro dijo: "Porque no os hemos dado a conocer el poder y la venida de nuestro Señor Jesucristo siguiendo fábulas artificiosas, sino como habiendo visto con nuestros propios ojos su majestad" (2 P. 1:16). Podríamos traducir la frase griega: "No hemos seguido mitos sofisticados..." Los apóstoles no se dejaron llevar por el fanatismo; no eran propensos a aceptar relatos cuestionables que no pudieran ser verificados.

Continuó: "Pues cuando él recibió de Dios Padre honra y gloria, le fue enviada desde la magnífica gloria una voz que decía: Este es mi Hijo amado, en el cual tengo complacencia. Y nosotros oímos esta voz enviada del cielo, cuando estábamos con él en el monte santo" (2 P. 1:17-18). Él tenía derecho a hablar, decía, porque estuvo en el Monte de la Transfiguración y vio por sí mismo la gloria y la honra dadas a Jesús.

Pedro dijo que ellos no vieron un milagro porque estaban buscando uno. Estaban tan sorprendidos como cualquier otra persona lo hubiera estado. Esto concuerda con Juan, que también fue un testigo ocular de la majestuosidad de Jesús: "(y vimos su gloria, gloria como del unigénito del Padre, lleno de gracia y de verdad)" (Jn. 1:14).

Entonces Pedro, Santiago y Juan vieron de primera mano la gloria del Hijo de Dios que tendrá en el reino por venir. No eran solo hombres curiosos explorando la posibilidad de la fe cristiana, sino que estuvieron invitados a ver algo de Jesús así como existe aparte de las limitaciones de la carne. Tenían un asiento en primera fila para ver las experiencias de Dios y sabían que la promesa de Jesús de un reino por venir no moriría con él.

Oímos la voz del Padre

Pedro continuó: "Pues cuando él recibió de Dios Padre gloria y honra, le fue enviada desde la magnífica gloria una voz que decía: Este es mi hijo amado, en el cual tengo complacencia. Y nosotros oímos esta voz enviada del cielo, cuando estábamos con él en el monte santo" (2 P. 1:17-18).

Pedro dice que ellos fueron *testigos oculares,* pero también *testigos auditivos.* Solo piense en la arrogancia de aquellos que creen que tienen una mejor comprensión acerca de lo que ocurrió más de dos mil años atrás que los que fueron testigos oculares de su majestuosidad. ¿A quiénes les vamos a creer: A los que tienen una fuerte parcialidad antisobrenatural, o a los que estuvieron realmente allí y vieron todo? Personalmente, ¡espero que se una a mí al creer en los que nos aseguran que no siguen mitos sofisticados!

Confirmamos el registro del Espíritu

Pedro luego les recuerda a los lectores que la experiencia de los discípulos confirmaba la profecía. "Tenemos también la palabra profética más segura, a la cual hacéis bien en estar atentos como a una antorcha que alumbra en lugar oscuro, hasta que el día esclarezca y el lucero de la mañana salga en vuestros corazones" (2 P. 1:19). Algunos interpretan esto como la forma de Pedro de decir que la profecía es incluso una garantía más segura que su propio registro; en otras palabras, un argumento incluso más fuerte para la Segunda Venida es que los profetas lo predijeron.

Estas palabras también pueden interpretarse de esta manera: "Lo que vimos en el Monte de la Transfiguración hace todavía más cierto que lo que fue predicho por los profetas acerca de la Segunda Venida debe ser verdad". En otras palabras la gloria que vieron en el monte es la evidencia más fuerte de que los profetas decían la verdad. Moisés y Elías también aparecieron. Moisés representaba a la ley y Elías representaba a los profetas; tanto la ley como los profetas apuntaban a Cristo.

Pedro agregó: "Entendiendo primero esto, que ninguna profecía de la Escritura es de interpretación privada, porque nunca la profecía fue traída por voluntad humana, sino que los santos hombres de Dios hablaron siendo inspirados por el Espíritu Santo" (2 P.1:20-21). La marca del falso profeta en el Antiguo Testamento era que estaba inventando el mensaje o confundiendo sus propios pensamientos con los pensamientos de Dios (Ez. 13:3). El verdadero profeta con frecuencia debió proclamar lo que no quería decir; con frecuencia debía dar mensajes duros que nadie se hubiera visto tentado a inventar.

Luego, al final Pedro dice que la Trinidad confirmó la deidad de Jesús. Los discípulos *vieron* al Hijo, *oyeron* al Padre y *confirmaron* que los escritos fueron inspirados por el Espíritu Santo. Y entonces nos enfrentamos a una decisión. ¿La opinión de quién debemos creer? ¿Debemos seguir a los que quieren desacreditar al Cristo políticamente incorrecto, o a aquellos que fueron testigos oculares creíbles de estos eventos del siglo I? Si el Nuevo Testamento estuviera fundado en inventos, su credibilidad habría sido destruida hace mucho tiempo.

Considere las palabras de Bernard Ramm:

Más de mil años atrás, sonó la campana de la muerte de

la Biblia, la procesión funeraria se formó, la inscripción se grabó en la tumba y se leyó el compromiso. Pero de alguna manera el cadáver nunca se está quieto.

Ningún otro libro ha sido tan hecho pedazos, destrozado, tamizado, escudriñado y difamado. ¿Qué libro acerca de filosofía o religión o psicología o las bellas cartas de los tiempos clásicos o modernos han sido objeto de tal ataque masivo como la Biblia? ¿Con tanto veneno y escepticismo? ¿Con tanta profundidad y erudición? Sobre cada capítulo; ¿renglón y doctrina? La Biblia todavía es amada por millones y estudiada por millones.[11]

Quizás el motivo de la longevidad de la Biblia pueda encontrarse, no en los hombres que la escribieron, sino en el Dios que la inspiró. "Sécase la hierba, marchítase la flor, mas la palabra del Dios nuestro permanece para siempre" (Is. 40:8).

En *El Código Da Vinci*, Dan Brown dijo que existen miles de documentos secretos que no aprueban el cristianismo. ¡Digamos que es una fanfarronada e insistamos en que la encuentre y la presente al mundo! Por supuesto es una fanfarronada sostener eso sin ofrecer la menor evidencia. Cuán desesperado tiene que estar uno para construir un caso de incredulidad sobre documentos imaginarios.

Hacemos bien en reverenciar al Cristo del Nuevo Testamento, aceptando sus argumentos y creyendo que su crucifixión fue un sacrificio por los pecadores. Y cuando lo hacemos, contamos con la promesa: "Mas a todos los que lo recibieron, a los que creen en su nombre, les dio potestad de ser hechos hijos de Dios; los cuales no son engendrados de sangre, ni de voluntad de carne, ni de voluntad de varón, sino de Dios" (Jn. 1:12-13).

SEIS

CAMINOS DIVERGENTES: LA IGLESIA Y SUS COMPETIDORES

"**N**ada en el cristianismo es original. El dios precristiano Mitras, llamado *el Hijo de Dios y la Luz del Mundo,* nació el 25 de diciembre, murió y fue enterrado en una tumba de piedra, y luego resucitó a los tres días".[1] Esta declaración, hecha por Sir Leigh Teabing en *El Código Da Vinci,* acusa a la iglesia del Nuevo Testamento de "tomar prestadas" sus enseñanzas de historias acerca de otro dios que se describe en las tradiciones paganas. La clara consecuencia, por supuesto, es que el cristianismo se basa en la mitología, mitología *robada.*

Nosotros podemos decir con confianza que el cristianismo no tomó prestadas sus enseñanzas acerca de Jesús de las leyendas de Mitras que eran populares en la antigua Roma. Por una parte, el Antiguo Testamento predijo la vida, la muerte y la resurrección de Jesús cientos de años antes de que surgieran las supersticiones de Mitras. En el libro de Isaías, escrito aproximadamente siete siglos antes de Cristo, encontramos profecías acerca del nacimiento virginal de Jesús (7:14); los golpes que recibió (52:14) y su crucifixión (53: 1-11). En los Salmos tenemos una visión preliminar acerca de su resurrección (16:10). A esto podríamos añadir decenas de otras predicciones que cumplieron la vida y la muerte de Jesús. Es notable que el Antiguo Testamento y el Nuevo Testamento encajen como una mano y un guante. Como alguien dijo alguna vez: "El Nuevo es el Antiguo oculto y el Antiguo es el Nuevo revelado".

Numerosas supersticiones en conflicto están asociadas con Mitras. Esto se debe en gran parte al hecho de que los seguidores del mitraísmo no llevaron documentos escritos, eligiendo en cambio transmitir su religión a través de rituales secretos. Lo que sabemos del movimiento viene de personas externas que se oponían a estas leyendas. Existe una creencia generalizada de que Mitras era un dios de los antiguos persas así como de los arrianos de la India que lo convirtieron en uno de sus doce elevados dioses. En la religión zoroastra, era un ángel, un dios de "luz celestial". En Roma, a Mitras se lo relacionaba con las religiones del misterio y los militares lo honraban como un dios de la guerra.

Debido a estas diversas opiniones, el culto de Mitras evolucionó continuamente, adaptándose a las necesidades de un grupo o cultura en particular. Es comprensible que esta religión puede interpretarse de varias maneras y que sus enseñanzas son difíciles de encontrar. Lo que parecería más probable es que los mitos específicos acerca del nacimiento milagroso de Mitras y su conversión en un "dios Salvador" tomaron como modelo las historias de Jesús y se desarrollaron luego de que el cristianismo llegara a Roma en el siglo I.

Ya hemos demostrado que la fe cristiana se arraiga profundamente en hechos históricos y no en la mitología. La primera iglesia se opuso firmemente al paganismo y fue mucho más allá para asegurarse de que la iglesia no adoptara sus mitos y prácticas. En este capítulo observaremos más evidencia que respalda la originalidad del cristianismo.

Tal vez la mejor manera que tengamos para demostrar

CAMINOS DIVERGENTES: LA IGLESIA Y SUS COMPETIDORES

que el cristianismo es radicalmente diferente de otras religiones y supersticiones sea contrastarlo con el antiguo gnosticismo que se está reviviendo y presentando como "otra manera de ser cristiano". Veremos por qué algunos lectores de *El Código Da Vinci* prefieren sus enseñanzas al cristianismo. Si bien muchas personas piensan que todas las religiones del mundo son esencialmente lo mismo y superficialmente diferentes, veremos en este capítulo que lo opuesto es verdad. *El cristianismo es fundamentalmente diferente y solo superficialmente lo mismo que otras religiones y filosofías.* Es en realidad un original.

CREENCIAS PREVALECIENTES

Hoy día las personas están claramente buscando conectarse con el mundo metafísico. Ingrese a una librería y verá muchos estantes de libros dedicados a la búsqueda espiritual. Tenemos libros y programas de televisión que hablan de espiritualidad y sanidad, espiritualidad y conciencia propia, y por supuesto, espiritualidad y sexo. Hay muchos caminos disponibles y todos están invitados a escoger su propia satisfacción en el camino.

Millones de personas que nunca han oído la palabra *gnosticismo* son devotos de sus enseñanzas esenciales. Comprender el gnosticismo es comprender por qué es tan atractivo para una generación que está comprometida con la diversidad y la espiritualidad hágalo usted mismo. Al contrastar lo que creían los gnósticos con la fe cristiana histórica, estamos, de hecho, criticando el clima religioso actual.

Si bien el gnosticismo era un movimiento muy diverso con muchas enseñanzas complicadas, en este capítulo vamos a tratar su doctrina de Jesús en su forma más popular. El tiempo y el espacio requieren que nos limitemos a unas pocas de sus enseñanzas acerca de Jesús como se presentan en solo algunos de los textos. Para un tratamiento más serio del gnosticismo, hay disponibles una cantidad de libros excelentes.[2]

¿CUÁL JESÚS?

En términos generales podemos decir esto: Los gnósticos creían que la muerte, el entierro y la resurrección de Jesús eran irrelevantes; no traían nuestra salvación. Lo que les importaba era la presencia inmediata de Cristo, accesible a aquellos que experimentaban la *gnosis,* es decir, la iluminación que estaba disponible para quienes se despertaban a ella. Así, alentaban una experiencia directa de Dios, sin la mediación de Cristo o las limitaciones de la iglesia.

Los gnósticos no creían que la muerte de Jesús fuera un acto de expiación, sino que servía como una ocasión para descubrir el yo divino dentro de sí.[3] Incluso aquellos gnósticos que creían que Jesús murió en favor de los demás, veían su muerte, no como una expiación, sino como un medio para despertar a los demás a sus propias posibilidades divinas. Como el *logos,* Jesús podía trascender la muerte para traer *gnosis.* (La palabra *logos* era con frecuencia utilizada por los gnósticos para referirse a la razón, o a un tipo de conocimiento especial.)

En cuanto a la resurrección, los gnósticos rechazaban unánimemente la resurrección física de Jesús. Un autor se refirió a ella como "la fe de los tontos". Por lo tanto, la resurrección no era un evento único en el que un hombre engañaba a la muerte y realmente regresaba del sepulcro. En cambio, la resurrección se interpretaba simbólicamente, como una metáfora para explicar que se podía experimentar la presencia de Cristo. Lo que importaba no era ver una forma física que regresaba de entre los muertos, sino experimentar una "visión espiritual". Así, en el Evangelio de María, las apariciones de la resurrección se interpretan como apariciones de visiones, sueños y trances.[4]

Si bien los gnósticos creían que estas visiones eran sucesos objetivos, permanece el hecho de que negaban la historicidad de los Evangelios del Nuevo Testamento o bien los consideraban sin importancia. Para ellos, lo que importaba era la experiencia inmediata de Cristo, no los eventos de sus experiencias terrenales. Cristo nos es de ayuda, pero Él no hizo nada que fuera indispensable para nuestra salvación. En la mente de cada uno de ellos, la vida de Jesús en la tierra no era un evento único necesario en el que Dios vino a la tierra para rescatar a la humanidad. Había que honrar a Jesús, pero no adorarlo como un redentor o mediador divino.

SALVACIÓN PROPIA

También creían que cuando encontramos a Dios, de hecho nos estamos encontrando a nosotros mismos, puesto que el conocimiento del yo es el conocimiento de Dios. De este modo, la teología es realmente antropología, estamos en realidad encendiendo la chispa de lo divino que existe en todos nosotros. Dios, como él o ella sea definido, es realmente una extensión de nosotros mismos.

En el Evangelio de Tomás, cuando los discípulos le preguntaron a Jesús dónde debían ir, él respondió: "Hay luz dentro de un hombre de luz, e ilumina todo el mundo. Si él no brilla, él es oscuridad..."[5] Así, no somos dirigidos a Cristo que existe fuera de nosotros como un Salvador, sino que en cambio debemos mirar a la luz dentro de nosotros para salvarnos.

En el Evangelio de Felipe, descubrimos una noción más radical de nuestra relación con Dios. Allí leemos: "Dios creó a la humanidad, [pero ahora los humanos] crean a Dios. Esa es la forma que hay en el mundo: Los seres humanos crean a los dioses y adoran su creación. Sería apropiado que los dioses adoraran a los seres humanos".[6]

De acuerdo a esta teoría, ni Jesús ni otro líder religioso es Dios en un sentido único, todos podemos ser dioses, y de hecho, ¡podemos crear a los nuestros propios! El problema del hombre, de acuerdo a los gnósticos, no es el pecado, sino la ignorancia; simplemente tenemos que saber cómo acceder a la *gnosis* y experimentar nuestra propia iluminación. El hombre, en lugar de ser salvo desde afuera de sí mismo, debe venir a su propio rescate. Las personas son bastante libres para crear a Dios de acuerdo a su propia imagen y semejanza.

Entonces, no es necesario decir que no necesitamos creer en un conjunto de doctrinas dado para la salvación; los maestros podrían servir el propósito limitado de guiarnos en la dirección de la verdad, pero para la última experiencia de *gnosis* debemos proceder por nuestra propia cuenta. De hecho para algunos gnósticos, someterse a la jerarquía eclesiástica requiere que nos sometamos a "guías ciegos" cuya autoridad proviene del creador malevolente.[7] De hecho, las doctrinas y los sistemas de creencia se ven en realidad como un obstáculo para el progreso en el camino gnóstico.

LOS GNÓSTICOS, ENTONCES Y AHORA

Es probable que los gnósticos hubieran aprobado el Parlamento de las Religiones Mundiales, al que yo asistí en 1993. En total, aproximadamente 6.500 delegados de todo el mundo se reunieron para tratar la posibilidad de unificar las religiones del mundo. Las premisas básicas fueron estas:

- Ninguna religión es superior a otra.

CAMINOS DIVERGENTES: LA IGLESIA Y SUS COMPETIDORES

- A las doctrinas se las debe ver como caminos subjetivos que necesitan revisión en lugar de considerarse verdades inflexibles.
- Se debe prohibir el proselitismo, porque intentar persuadir a los demás de que crean en una religión en particular solo incrementa el espectro de exclusividad y la temida palabra "superioridad".
- La búsqueda más importante es la que busca una experiencia religiosa definida de acuerdo al gusto y la inclinación personal.

Los gnósticos estarían de acuerdo con que el camino que emprendemos no importa siempre que experimentemos nuestra propia *gnosis,* el centro místico en el que se experimenta la iluminación.

En el parlamento, conocí a personas que decían: "Soy budista cristiano", o: "Pertenezco al cristianismo Nueva Era". Las personas hablaron de tomar lo mejor de las religiones y crear su propia combinación y preferencia particular de creencias. En muchas de las sesiones, se maldijo a Jesús con una desvanecida alabanza. Algunos dijeron que Él era importante para occidente, pero no para oriente. Otros dijeron que Él fue un gran maestro y hasta una única revelación de Dios, pero solo una de una cantidad de tales revelaciones.

El gnosticismo está regresando a los círculos cristianos porque está tan en sincronía con nuestra abrumadora movida hacia la diversidad religiosa, una actitud que insiste en que el camino hacia lo divino no puede ser bien definido. Según esta visión, nadie tiene el derecho de decir: "¡Este es el camino equivocado!" La autoridad reside dentro de cada individuo y nadie se la debe imponer, incluyendo a Jesús. En otras palabras, es perfectamente aceptable tener experiencias místicas que no estén atadas de ninguna manera a eventos salientes de la vida del Jesús histórico.

Hace poco escuché un programa de televisión donde un médium, que sostenía comunicarse con los que habían muerto, era el invitado. Cuando se le preguntó si había un juicio después del a muerte, dijo: "No, cuando morimos, nosotros nos juzgamos a nosotros mismos". Si los gnósticos hubieran creído en el juicio final (la mayoría no lo hacía), con certeza habrían estado de acuerdo con ese sentimiento. Si podemos salvarnos a nosotros mismos, también podemos juzgarnos.

Entonces si las personas están buscando a Dios en su propia manera, y hay algo de verdad en toda religión, ¿por qué hablar de Jesús como si Él fuera la única opción razonable? Hay personas que me han dicho que si Jesús obra por mí, está bien, pero si algo o alguien más obra mejor para otro, eso también está bien. ¿Por qué no ser tolerantes y aceptar las opciones disponibles en nuestra cultura diversa?

LA GRAN DIVISIÓN

Entonces, ¿de qué manera el cristianismo es diferente de los mitos de Mitras y del misticismo de los gnósticos? ¿Cómo podemos estar seguros de que contamos con un original, no con una copia de alguna otra fe? Por supuesto, es posible que personas de diversas creencias tengan una experiencia religiosa diferente, pero solos, somos como hormigas en una pintura de Rembrandt, advirtiendo la rugosidad de la tela y los colores cambiantes debajo de nuestros pies, pero incapaces de comprender qué vemos. La revelación de Dios en el Nuevo Testamento nos ayudará a encontrar el camino.

Comenzamos por advertir que el cristianismo se divide de otras creencias religiosas en su entendimiento del pecado. Lejos de creer que Dios es esencialmente como nosotros, los cristianos comprendemos la enseñanza clara de la Biblia de que hemos transgredido las leyes de Dios y no somos capaces de retornar a la comunión con nuestro Creador por nuestra cuenta. Esta doctrina del pecado original (y nuestra conducta pecaminosa resultante), resuena profundamente con nuestra experiencia. Nadie que lea estas páginas ha escapado a la pena de la injusticia, a los efectos rígidos del egoísmo, y a los profundos dolores del arrepentimiento. Creo que fue G. K. Chesterton el que dijo que no podía comprender por qué alguien podía negar el pecado original, ¡puesto que era la única doctrina que podía demostrarse leyendo el periódico! Leemos lo que los malignos han hecho, y si somos sinceros, sabemos intuitivamente que somos capaces de esencialmente los mismos actos. También sabemos intuitivamente que somos responsables ante alguien más allá de nosotros. La culpa no es un sentimiento que se puede desaprender. La conciencia culpable apunta a una conciencia interior de que hemos violado nuestras propias normas y que algún día seremos llamados para dar cuenta ante el que conoce todos los secretos de nuestra propia alma.

Combine esto con la enseñanza bíblica de la santidad de Dios. Él es presentado en las Escrituras como puro, sin pecado y sin defecto. Él es el Creador, Sostenedor y Juez personal a quien debemos darle cuenta. La Biblia rechaza la idea de que podemos llamarnos Dios a nosotros mismos, actuando como si tuviéramos las marcas de la divinidad; de hecho esta fue la primera mentira de la religión demoníaca de Génesis 3. No cabe duda de que somos criaturas creadas a la imagen de Dios, pero en esencia somos por siempre diferentes a Él.

Ingresa Jesús.

Jesús es el único que tiene las calificaciones de un Salvador, es decir, la capacidad para reparar la brecha entre nosotros y el Dios de la Biblia. Jesús puede decirnos cómo es Dios, qué espera de nosotros, y los términos con los que Él está dispuesto a conectarse con nosotros. En pocas palabras, en Jesús encontramos a alguien con información interna, alguien que puede hablar en nombre de Dios. Gracias a Jesús, podemos tener una fe que satisface nuestra necesidad, exactamente. En Él encontramos un Dios redentor.

Para decirlo en términos simples, Jesús insistió en que su ingreso a este mundo era de una sola vez, un evento histórico no repetible en el que la salvación era comprada a los que confiaran en Él. Jesús debía estar físicamente presente para se cumpliera con este acto de expiación, una presencia física como aquellos bomberos que rescataron a miles de personas en la tragedia del 11 de septiembre en Nueva York. Las enseñanzas y las ideas maravillosas no pueden rescatar a una persona de un edificio en llamas.

Pero si bien un simple hombre puede rescatar a otro ser humano de un edificio en llamas, solo un hombre divino puede reconciliarnos con Dios. Entonces solo el Jesús divino/humano puede llevarnos a la presencia de Dios cuya justicia hemos ofendido. Este Jesús debió nacer como un hombre, y sacrificarse por nuestros pecados, un sacrificio que fue recibido por el Padre durante las seis horas que este Dios-hombre colgó de la cruz.

Nuestras ofensas son tan reales como un ladrón que roba dinero de una bóveda de un banco. Y como la restitución exige que se devuelva el dinero, así el pago por nuestro pecado debió ser hecho antes de que pudiéramos reconciliarnos con Dios. Las ideas no pueden constituir un puente en la brecha entre nosotros y Dios; solo un acto de expiación puede hacerlo.

Por supuesto, no quiero decir que el pago que Jesús hizo en la cruz fue alguna entidad física, tal como un fajo de billetes de cien dólares. Pero sí leemos: "Sabiendo que fuisteis rescatados de vuestra vana manera de vivir, la cual recibisteis de vuestros padres, no con cosas corruptibles, como oro o plata, sino con la sangre preciosa de Cristo, como de un cordero sin mancha y sin contaminación" (1 P. 1:18-19). Jesús debía morir, la sangre debía ser derramada, el pecado debía ser cargado, la justicia del Padre tenía que ser satisfecha.

Dejemos que los paganos, antiguos o modernos, tomen prestado lo que deseen de los dichos de Jesús, pero si niegan que su muerte y su resurrección fueron el foco central de su misión, están negando lo que significa ser cristiano. Reduzca el impacto de su enseñanza únicamente, y está quitándole el corazón a lo que el Nuevo Testamento repetidas veces llama el evangelio: Las buenas nuevas.

Fue esta insistencia pertinaz de que el cristianismo estaba atado a la historicidad de Jesús lo que hizo que Pablo sostuviera que la resurrección física podía ser verificada por quinientos que realmente vieron a Jesús y que muchos de estos testigos todavía vivían. Luego él agrega: "Y si Cristo no resucitó, vuestra fe es vana; aún estáis en vuestros pecados" (1 Co. 15:17).

La encarnación es la gran división entre el cristianismo y el gnosticismo, y en ese respecto entre el cristianismo y el islam. En la fe islámica, la encarnación es la mayor de las blasfemias: Los musulmanes creen que Alá no puede tener contacto directo con el mundo. En contraste, el cristianismo enseña que no somos salvos por el ejemplo de Cristo o sus ideas, ni somos salvos si tenemos una revelación o visión de Él. Nuestra propia *gnosis,* sin importar cuán maravillosamente inventada y experimentada, no puede quitar la barrera del objetivo de que nuestro pecado tiene causa entre nuestro Dios y nosotros.

Esto explica por qué los primeros autores cristianos se negaron a mezclar el cristianismo con otras religiones. Sin duda, no se inclinaban a "tomar prestado" cualquier cosa de la fe pagana, estando en fuerte oposición a ella. Mientras que otras religiones pueden tener enseñanzas éticas similares al cristianismo, difieren en el tema central: La encarnación y lo que esta ha logrado.

Todas las formas de la espiritualidad que dicen que podemos alcanzar a Dios (como quiera que se defina) en nuestra propia posición se oponen firmemente al hecho de la salvación de Dios en Cristo. Este abismo coloca al gnosticismo en contra del cristianismo sin esperanzas de alcanzar una concesión a medio camino. Solo aquellos que no comprenden la verdadera naturaleza del cristianismo pueden llamar al gnosticismo "una manera alternativa de ser cristiano".

Las buenas nuevas del Nuevo Testamento dicen que Dios nos ha dado el ministerio de la reconciliación: "que Dios estaba en Cristo reconciliando consigo al mundo, no tomándoles en cuenta a los hombres sus pecados" (2 Co. 5:19). El cristianismo afirma que fue la encarnación y los siguientes actos terrenales de Jesús los que fueron el evento de salvación de Dios en el mundo.

DIOS, SÍ, ¿PERO POR QUÉ JESÚS?

Con frecuencia oímos: "Yo creo en Dios, pero no en Jesús", como si hubiera muchos caminos para acceder a lo divino. La Biblia tiene dos advertencias para nosotros: En primer lugar, nos advierte en cuanto a rehacer a Dios de acuerdo a nuestro propio gusto: "No tendrás dioses ajenos delante de mí" (Éx. 20:3), el primer mandamiento. Las palabras fueron nuevamente cinceladas en las tablas de piedra de Moisés cuando los israelitas ya habían violado el mandamiento al adorar al vellocino de oro. También cometemos idolatría cuando adoramos a un dios de acuerdo a nuestra propia comprensión.

Pero hay una segunda advertencia. Debemos ir hacia

el Dios correcto de la *manera correcta*. Caín y Abel fueron ambos hacia el Dios correcto, pero uno trajo una oferta que fue aceptada mientras que la del otro fue rechazada. El Nuevo Testamento habla de los que han "seguido el camino de Caín" (Jud. 11), es decir, lo s que piensan que han llegado a Dios en su propia forma y en sus propios términos.

Nadab y Abiú fueron los hijos de Aarón y los sobrinos de Moisés. Se consagraron a Dios, como estudiantes del seminario de la capacitación de la época para un ministerio de tiempo completo. Un día le ofrecieron al Señor "fuego no autorizado" y Dios respondió: "Y salió fuego de delante de Jehová y los quemó, y murieron delante de Jehová" (Lv. 10:2).

Nos sentimos tentados a acusar a Dios de exagerar las cosas. Estos eran jóvenes que merecían una segunda oportunidad; es más, eran los hijos de Aarón el sumo sacerdote. Esperaríamos un poco de amplitud. Pero justo allí en el altar de Dios, Nadad y Abiú enfrentaron la aniquilación inmediata, sin juicio, sin una segunda oportunidad.

¿Por qué hizo Dios eso? Él mismo lo explicó: "En los que a mí se acercan me santificaré, y en presencia de todo el pueblo seré glorificado" (Lv. 10:3). El error de estos hombres no es que se acercaron al Dios equivocado, sino que lo hicieron de la manera equivocada. Aprendieron por la vía difícil que *no cualquier camino servirá*.

Todo acceso a la presencia de Dios requiere una mediación. Nosotros como pecadores simplemente no podemos acercarnos a Él por nuestra propia cuenta. ¿Por qué debemos hacerlo a través de Jesús? *Como Dios-hombre, Él es perfectamente sin pecado y por ende, el único calificado para darnos la justicia por la cual podemos estar ante la presencia santa de Dios.*

El cristianismo está en inflexible oposición a cualquier

forma de noción de que la salvación involucra nuestro propio esfuerzo. Todo el mérito humano, esos hechos que nos hacen sentir mejor acerca de nosotros mismos, debió ponerse a un lado permanentemente para ser reconciliados con Dios. Hechos de compasión y bondad se encuentran en todas las religiones del mundo, evidentemente es mucho mejor ser una persona buena que una mala. Pero el cristianismo afirma que ninguna de esas obras es capaz de cambiar la mentalidad de Dios acerca de nuestro pecado.

Nos gusta pensar que somos mejor que los demás. Pero cuando nos comparamos con Dios, que es la única norma que Él acepta, nos damos cuenta de que hay poca diferencia entre nosotros en la familia humana. No tenemos nada en común con la santidad de Dios. Como dijo Agustín: "Aquel que entiende la santidad de Dios, se desespera tratando de apaciguarlo". Si Dios no tomó la iniciativa para salvarnos, no podemos ser salvos.

¿Cómo puede Dios relacionarse con pecadores y aún así mantener su honra? La santidad de Dios no pudo ser manchada ni comprometida para lograr su resultado deseado. *De esto se deriva que solo Dios pudo cumplir con sus propios requisitos, y en Cristo hizo eso.* Ninguna otra religión sostiene que un Dios creador exclusive se convirtió en hombre para redimirnos. En estos temas esenciales, el cristianismo es exclusivamente original.

Se comprende entonces que, cuando Tomás le preguntó a Jesús: "¿Cómo, pues, podemos saber el camino?", recibió la clara respuesta: "Yo soy el camino, y la verdad, y la vida; nadie viene al Padre sino por mí" (Jn. 14:6). Un turista que caminaba por el desierto le preguntó a un guía: "¿Dónde está el sendero?", a lo que el guía contestó: "Yo soy el sendero".

Alguien ha dicho que Cristo es el camino desde el lugar

de la ruina de los hombres hasta Dios el Padre, todo el camino desde la ciudad de la destrucción a la ciudad celestial. Cuando Felipe solicitó a Jesús: "muéstranos el Padre, y nos basta". Jesús respondió simplemente: "El que me ha visto a mí, ha visto al Padre" (Jn. 14:8-9). Fue Dios el que ingresó a un hogar judío sencillo, Dios que no se avergonzaba de hacer el trabajo del hombre, Dios que sabía lo que era ser tentado. Fue Dios el que colgó de la cruz. En efecto, Jesús le dijo a Felipe: "¡Escúchame! ¡Mírame! ¡Cree en mí! Entonces conocerás al Padre y yo podré traerte de regreso a casa".

LA TEOLOGÍA DEL GATO DE CHESHIRE

Los liberales religiosos, particularmente los ministros, luchan con qué decir en Navidad y Pascua. Las narrativas del Nuevo Testamento los miran a la cara, pero si no creen en ángeles, estrellas que guían o en la resurrección de Jesús, ¿qué pueden decir con integridad? Con razón una marquesina de Pascua en una iglesia de California rezaba: "La Pascua es una época de flores".

La Navidad pasada, un ministro de Chicago le dijo a su gran congregación: "¿Qué hacemos con el relato de los pastores, las estrellas y los hombres sabios... tenemos que creer que esos hechos sucedieron? No, no tenemos que hacerlo, ¡lo que importa es el *espíritu* de la Navidad!" Así que si bien los eventos supuestamente no sucedieron, estamos invitados a buscar el espíritu de la Navidad o el espíritu de la Pascua. ¡A los gnósticos les hubiera encantado!

Esto me recuerda al gato de Cheshire en *Alicia en el país de las maravillas*. Recuerde que si bien el gato había desaparecido, su sonrisa todavía podía verse en la oscuridad. Lo que quiero decir, por supuesto, es que el "espíritu" de la Navidad o de la Pascua no significa nada a no ser que los

ERWIN W. LUTZER

hechos hayan sucedido realmente. Es como decir que podemos tener naranjas sin árboles o una rueda sin un centro. Claramente, si estos eventos de salvación no sucedieron, debemos salvarnos de la mejor manera posible.

Al describir a los falsos maestros de su época, Judas escribió: "Nubes sin agua, llevadas de acá para allá por los vientos; árboles otoñales, sin fruto, dos veces muertos y desarraigados; fieras ondas del mar, que espuman su propia vergüenza; estrellas errantes, para las cuales está reservada eternamente la oscuridad de las tinieblas" (Jud. 1:12-13). Continúa diciendo lo que es bastante obvio, es decir, que estos maestros "andan según sus propios deseos" (v. 16).

Mitras no es Jesús, ni es el Jesús de los gnósticos el Jesús del cristianismo. El Jesús del Nuevo Testamento nació de una virgen, murió por nuestros pecados, y resucitó, y ahora nos invita a participar de su victoria. ¡Si rechazamos la luz, cuán grande es la oscuridad!

PALABRAS FINALES
DE MI CORAZÓN AL SUYO

Una vez leí que el director sueco Ingmar Bergman soñó que estaba de pie en una gran catedral en Europa, mirando una pintura de Jesús. Desesperado por oír una palabra de fuera de su propio mundo, susurró: "¡Háblame!"

Silencio total.

Esa respuesta, se nos dice, fue la motivación para su película *El silencio* que retrataba a personas que estaban desesperadas por encontrar a Dios. En nuestro mundo, se cree, solo podemos oírnos a nosotros mismos. Ninguna voz de afuera de la predicación humana llega para contarnos acerca de la realidad final. Al buscar una palabra de Dios, con frecuencia nos enfrentamos con el silencio total.

¿Dios ha hablado, o es universo es silencioso respecto de las preguntas finales? Si Dios no ha hablado entonces nosotros mismos debemos estar en silencio, puesto que si Dios no ha hablado, no tenemos discernimiento acerca del significado de la vida. Ni tampoco podemos juzgar asuntos morales o especular sobre la posibilidad de la vida después de la muerte. También debemos permanecer en silencio en nuestra búsqueda de justicia, ya que si no existe Dios, no tenemos seguridad de que las balanzas de las justicias estén equilibradas.

La buena noticia es que contamos con evidencias abrumadoras de que Dios ha hablado, y ha hablado sencillamente. En primer lugar, la Biblia enseña que Dios ha hablado en la naturaleza, pero la naturaleza no nos dice si Dios ama al mundo, ni nos dice cómo podemos reconciliarnos con nuestro Creador.

Cuando Dios quiso hablar un idioma humano, vino en la persona de Jesús. Leemos: "Dios, habiendo hablado muchas veces y de muchas maneras en otro tiempo a los padres por los profetas, en estos postreros días nos ha hablado por el Hijo, a quien constituyó heredero de todo, y por quien asimismo hizo el universo" (He. 1:1-2).

Cuando Cristo apareció en forma humana, hubo una explosión de revelación. Él es el mensaje final y más completo a la humanidad. Y si somos sinceros, debemos admitir que la evidencia de que fue el Hijo de Dios es abrumadora.

En un estudio bíblico al que una vez asistí, conocí a una mujer judía que desesperadamente me confió que quería encontrar la verdad acerca de Dios. Me dijo cómo había orado todos los días porque Dios le mostrara que podía tener una relación personal con Él. Pero el solo pensamiento de que Cristo fuera el Hijo de Dios, el Mesías, la asustaba. *Ah, Dios,* oraba con frecuencia, *¡se cualquiera menos Jesús!*

Sin embargo, al final de su búsqueda, esta mujer dijo que pasó su mayor temor: *¡Dios había resultado ser Jesús!* Tenemos muchas buenas razones para creer que estaba en lo cierto. Lenin sostenía que si se implementaba el comunismo habría pan cada hogar, pero nunca tuvo el valor para decir: "Yo soy el pan de la vida; el que a mí viene, nunca tendrá hambre; y el que en mí cree, no tendrá sed jamás" (Jn. 6:35).

Buda enseñó la iluminación, sin embargo, murió buscando más luz. Nunca dijo: "Yo soy la luz del mundo, el que me sigue no andará en tinieblas, sino que tendrá la luz de la vida" (Jn. 8:12). Sigmund Freud creía que la psicoterapia sanaría los dolores emocionales y espirituales. Pero él no pudo decir: "La paz os dejo, mi paz os doy; yo no os la doy como el mundo la da. No se turbe vuestro corazón, ni tenga miedo" (Jn. 14:27).

Cada vez que conozco a un ateo o a un gnóstico, lo desafío a un experimento de veintiún días. Dicho en términos simples, le pido que lea un capítulo del Evangelio de Juan cada día con una mente abierta. De hecho, incluso desafío a los incrédulos a orar: *Dios, si existes, demuéstramelo.* Aquellos que tienen el valor de aceptar mi sugerencia admiten que las historias de Jesús no pudieron ser fabricadas. Creer que el mismo que dio el Sermón del Monte nos engañaría acerca de su identidad simplemente no tiene sentido. Debemos reconocer que Él es el Hijo de Dios o bien explicarlo como un fanático alucinado.

Hace años, vi la famosa pintura de Rembrandt *La ronda nocturna* en el Rijksmuseum en Ámsterdam. Si le hubiera sugerido a la guía turística que la pintura debió ser rehecha para conformar mis expectativas y gustos, ella hubiera tenido todo el derecho a decir: "La pintura no está en juicio, *¡usted lo está!*".

Así como los aficionados son rápidos para pronunciar su veredicto al observar una obra maestra, las personas de hoy día realizan juicios superficiales acerca de Jesús. Si solo hicieran una pausa más prolongada, se darían cuenta de que ellas, no Jesús, serán juzgadas.

Ninguna otra religión del mundo enseña lo que Cristo enseñó. Nuestra reconciliación con Dios debe ser un don gratuito para nosotros como pecadores inmerecedores. ¿El motivo? No tenemos el tipo de justicia que Dios acepta, *no podemos hacernos lo suficientemente buenos para Dios.* Puesto que no podemos rectificar nuestra relación con Dios, necesitamos una gran dosis de gracia.

Hay esperanza para todos, incluso para aquellos que creen que están más allá de la esperanza. Dios puede salvar a grandes pecadores, así como también a personas "mejores". No está en juego el tema de la grandeza de nuestro pecado, sino la belleza de la justicia acreditada a nuestra cuenta. Visualice un sendero confuso con feos baches; a su lado hay un camino en el que se puede viajar bien que es atractivo y prolijo. Cuando cae un metro de nieve, no se puede ver la diferencia entre los dos. Del mismo modo, cuando confiamos en Cristo, Él cubre nuestra "confusión" (ya sea grande o pequeña) con su perdón y gracia.

Evidentemente, esta gracia debe ser un don gratuito, gratuito porque no podemos añadirle nada con nuestra propia bondad y promesas de reforma. "Porque por gracia sois salvos por medio de la fe; y esto no de vosotros, pues es don de Dios; no por obras, para que nadie se gloríe" (Ef. 2:8-9).

Al concluir este libro, lo invito a que baje la cabeza ante Cristo, no el Cristo de *El Código Da Vinci*, sino el Cristo del Nuevo Testamento quien nos invita a todos a venir a Él por gracia y perdón. A un paralítico le dijo: "Hijo, tus pecados te son perdonados" (Mr. 2:5) y a una mujer inmoral le dio su consuelo: "Tu fe te ha salvado, vé en paz" (Lc. 7.50).

Luego de su resurrección y exaltación al cielo, Jesús afirmó: "No temas, yo soy el primero y el último; y el que vivo, y estuve muerto; mas he aquí que vivo por los siglos de los siglos, amén. Y tengo las llaves de la muerte y del Hades" (Ap. 1:17-18).

¡Esas son palabras de un Salvador en quien vale la pena confiar!

NOTAS

NOTA DEL AUTOR

1 Justin Pope, "Books Examine Jesus, as Part of U.S. History, Culture" [Libros que examinan a Jesús como parte de la historia y cultura estadounidense] *The Chicago Sun Times*, 13 de febrero de 2004, 48.

PRÓLOGO

1 Dan Brown, *The Da Vinci Code* [El Código Da Vinci] (Nueva York: Doubleday, 2003), 308.
2 *Ibíd.*, 309.
3 *Ibíd.*, 125.

CAPÍTULO UNO

1 *Ibíd.*, 233.
2 *Ibíd.*, 231.
3 *Ibíd.*, 124.
4 Mark A. Noll, *Turning Points: Decisive Moments in the History of Christianity* [Puntos de retorno: Momentos cumbres en la historia de la cristiandad] (Grand Rapids: Baker Book House, 1997), 50.
5 *Ibíd.*, 51
6 William E. Hordern, *A Layman's Guide to Protestant Theology* [Una guía de teología protestante para el laico] (Nueva York: Macmillan, 1955), 15-16.
7 Reinhold Seeberg, *The History of Doctrine* [La historia de la doctrina] (Grand Rapids: Baker Book House, 1964), 211.
8 E. H. Klotsche, *The History of Doctrine* [La historia de la doctrina] (Grand Rapids: Baker Book House, 1979), 18.

ERWIN W. LUTZER

9 Geoffrey Bromiley, *Historical Theology: An Introduction* [Una introducción a la teología histórica] (Grand Rapids: Wm. B. Eerdmans Publishing Co., 1978), 4.

10 Seeberg, *The History of Doctrine* [La historia de la doctrina], 69.

11 Bromiley, *Historical Theology: An Introduction* [Una introducción a la teología histórica], 14.

12 *Ibíd.*, 20.

13 Lynn Picknett y Clive Prince, *The Templar Revelation: Secret Guardians of the True Identity of Christ* [La revelación de los templarios: Guardianes secretos de la verdadera identidad de Cristo] (Nueva York: Touchstone Books, Simon & Schuster, 1998), 261.

14 http://www.tertullian.org

15 Igual que el anterior.

16 Igual que el anterior.

CAPÍTULO DOS

1 Willis Barnstone y Marvin Meyer, *The Gnostic Bible* [La Biblia gnóstica] (Boston y Londres: Shambhala, 2003), 19. También hay disponibles otras traducciones de los Evangelios gnósticos, tales como la de James M. Robinson, ed. The Nag Hammadi Library, tercera edición. Leiden: Brill, 1988.

2 Brown, *The Da Vinci Code* [El Código Da Vinci], 244.

3 David Van Biema, "The Lost Gospels" [Los Evangelios perdidos] *Time*, (22 de diciembre de 2003), 56.

4 *Ibíd.*, 56.

5 *Ibíd.*, 56

6 *Banned from the Bible* [Erradicados de la Biblia], especial de televisión transmitido por *History Channel*, 25 de diciembre de 2003.

7 *The Gnostic Bible* [La Biblia gnóstica], 259.

8 *The Gnostic Bible* [La Biblia gnóstica], 478.

9 Estas tres citas se han tomado de El Evangelio de Tomás según se cita en *The Gnostic Bible* [La Biblia gnóstica], 46, 51, 57.

10 Este comentario de Traian Stoianovich se cita en *The Death of Truth* [La muerte de la verdad], Dennis McCallum ed., (Minneapolis: Bethany House, 1996), 139.

11 Brown, *The Da Vinci Code* [El Código Da Vinci], 256.

12 Raymond E. Brown, "The Gnostic Gospels" ["Los Evangelios gnósticos"] *The New York Times Book Review*, 20 de enero de 1980, 3.

13 Andrew Greeley, revisión del libro: "Da Vinci is More Fantasy Than Fact" ["Da Vinci es más fantasía que realidad"] *National Catholic Reporter*, 3 de octubre de 2003.

14 Sir William Ramsey, *The Bearing of Recent Discovery on the Trustworthiness of the New Testament* [La relevante relación de los recientes descubrimientos en cuanto a la confiabilidad del Nuevo Testamento] (edición reimpresa.; Grand Rapids: Baker Book House, 1953), 81.

15 *Time*, 56.

16 Elaine Pagels, Time, 57.

17 *Ibíd.*

CAPÍTULO TRES

1 Brown, *The Da Vinci Code* [El Código Da Vinci], 245.
2 *Ibíd.*, 238.
3 Bard Thompson, *Humanists and Reformers* [Humanistas y reformadores] (Grand Rapids: Eerdmans, 1996), 141-143.
4 Bruce Bucher "Does '*The Da Vinci Code*' Crack Leonardo?" ["¿Impresionó a Leonardo El Código Da Vinci?"] *The New York Times,* Arts And Leisure, 2 de agosto de 2003.
5 Patrick R. Reardon, "'*The Da Vinci Code*' Unscrambled" ["El indescifrable Código Da Vinci"] Tempo, *The Chicago Tribune,* 5 de febrero de 2004, Sección 5, p. 4.
6 Brown, *The Da Vinci Code* [El Código Da Vinci], 454.
7 Barnstone y Meyer, *The Gnostic Bible* [La Biblia gnóstica], 273.
8 Brown, *The Da Vinci Code* [El Código Da Vinci], 246.
9 Barnstone y Meyer, *The Gnostic Bible* [La Biblia gnóstica], 270.
10 *Ibíd.*, 286.
11 *Ibíd.*, 479-481.
12 Picknett y Prince, *The Templar Revelation* [La revelación de los templarios], 350.
13 *Ibíd.*, 258.

CAPÍTULO CUATRO

1 Brown, *The Da Vinci Code* [El Código Da Vinci], 231.
2 Para evidencia acerca de la confiabilidad de la Biblia, lea *Seven Reasons Why You Can Trust the Bible* [Siete razones por las que puede confiar en la Biblia] (Chicago: Moody Press, 1998), escrito por Erwin Lutzer.
3 D. A. Carson, Douglas Moo y Leon Morris, *An Introduction to the New Testament* [Una introducción al Nuevo Testamento] (Grand Rapids: Zondervan Publishing, 1992), 491.
4 F. F. Bruce, *The Canon of Scripture* (Downers Grove, Ill.: InterVarsity Press, 1988), 160.
5 *Ibíd.*, 204.
6 Carson, Moo y Morris, *An Introduction to the New Testament* [Una introducción al Nuevo Testamento], 492-495.
7 Norman Geisler y William E. Nix, *A General Introduction to the Bible* [Una introducción general a la Biblia], (Chicago: Moody Press, 1986), 430.
8 Según cita de Don Kistler, ed., *Sola Scriptura! The Protestant Position on the Bible* [Sola Scritura. La posición protestante con respecto a la Biblia], (Morgan, Penn. Soli Deo Gloria Publications, 1995), 19.

CAPÍTULO CINCO

1 Brown, *The Da Vinci Code* [El Código Da Vinci], 341.
2 *Ibíd.*, 342.
3 Robert W. Funk, Roy W. Hoover y The Jesus Seminar, *The Five Gospels: What Did Jesus Really Say?* [Los cinco Evangelios: ¿Qué dijo en realidad Jesús?], (Nueva York: Scribner, 1993), 2.

ERWIN W. LUTZER

4 *U.S. News and World Report*, 1 de julio de 1991, 58.

5 John Warwick Montgomery, *History and Christianity* [Historia y cristianismo], (Downers Grove: InterVarsity Press, 1971).

6 *Ibíd.*, 26, 27.

7 *Ibíd.*, 28.

8 *Josefo, The Essential Writings* [Josefo: Los escritos esenciales] [Publicado en castellano por Editorial Portavoz], Paul Maier, ed. (Grand Rapids: Kregel, 1988), 264.

9 S. W. Baron, *Social and Religious History of the Jews II* [Historia religiosa y social de los judíos II] (2da. ed.; Nueva York: Colombia University Press, 1952), 58ss citado en Montgomery, 68.

10 Montgomery, *History and Christianity* [Historia y cristianismo], 68-69.

11 Bernard Ramm, *Protestant Christian Evidences* [Evidencias del cristianismo protestante], (Chicago: Moody Press, 1957), 232-233.

CAPÍTULO SEIS

1 Brown, *The Da Vinci Code* [El Código Da Vinci], 232.

2 Edwin M. Yamauchi, *Pre-Christian Gnosticism: A Survey of the Proposed Evidences* [Gnosticismo precristiano: Una investigación de las evidencias propuestas], (Grand Rapids: Eerdman's 1973). Este libro excelente proporciona un estudio del gnosticismo en sus comienzos y su relación con la iglesia cristiana.

3 Elaine Pagels, *The Gnostic Gospels* [Los Evangelios gnósticos], (Nueva York: Random House, 1979), 95.

4 *Ibíd.*, 11

5 *Ibíd.*, 120

6 *Ibíd.*, 122

7 *Ibíd.*, 110-111.

Un libro que trata acerca del discernimiento, la capacidad para distinguir entre lo falso y lo verdadero, o mejor todavía, para diferenciar la verdad de la verdad a medias. El autor nos invita a explorar cómo distinguir entre verdades y mentiras, cómo juzgar a los falsos profetas y las apariencias.
ISBN: 0-8254-1399-0 / rústica   **Categoría:** Vida cristiana

Erwin W. Lutzer

Seis cosas que necesita saber
acerca de este tema actual

La Verdad acerca
del Matrimonio
Homosexual

EL Dr. Erwin W. Lutzer prepara a los creyentes para que puedan responder a las preguntas difíciles acerca del matrimonio entre homosexuales de manera bondadosa y con respeto, aunque estableciendo a la vez la verdad de las Escrituras.

ISBN: 0-8254-1392-3 / rústica   **Categoría:** Vida cristiana

Este libro prepara a todo cristiano para resistir siete tentaciones provocativas: Avaricia, apuestas, alcoholismo, pornografía, pecado sexual, ocultismo y hedonismo.

ISBN: 0-8254-1388-5 / rústica   **Categoría:** Vida cristiana

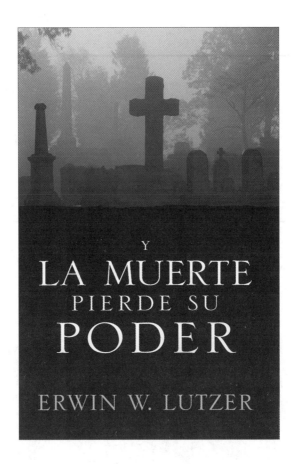

Y
LA MUERTE
PIERDE SU
PODER

ERWIN W. LUTZER

El conocido autor y pastor Erwin Lutzer considera la evidencia de la resurrección de Cristo, mira el efecto de la evidencia sobre los discípulos y muestra cómo las experiencias de los discípulos son importantes para los creyentes hoy. Este libro inspirará su fe e influirá en la vida de otros.

ISBN: 0-8254-1395-8 / rústica   **Categoría:** Vida cristiana